# LE JURY

## A LA COUR D'ASSISES

F

29232

Ⓒ

7374

Paris.—Imprimerie de Cosse et J. Dumaine, rue Christine, 2.

# LE JURY

EN

# MATIÈRE CRIMINELLE

## MANUEL DES JURÉS

## A LA COUR D'ASSISES

PAR

CH. BERRIAT SAINT PRIX

Conseiller à la Cour impériale de Paris

---

**QUATRIÈME ÉDITION**

CORRIGÉE

---

PARIS

IMPRIMERIE ET LIBRAIRIE GÉNÉRALE DE JURISPRUDENCE

COSSE, MARCHAL ET Cie, IMPRIMEURS-ÉDITEURS

LIBRAIRES DE LA COUR DE CASSATION

**Place Dauphine, 27.**

---

1867

# AVERTISSEMENT

Les changements apportés à la formation et à la majorité du jury, depuis quelques années, l'appel d'un plus grand nombre de citoyens aux fonctions de cette magistrature temporaire, ont paru nécessiter une nouvelle exposition des principes qui en règlent l'exercice.

Tel est le but que je me suis proposé dans cet essai.

Des ouvrages estimables existent déjà sur le même sujet ; mais, outre qu'ils se réfèrent à des lois abrogées, plusieurs sont de véritables traités de procédure criminelle, précédés de recherches historiques étendues.

Je n'ai pas eu la prétention d'embrasser tant d'objets dans ce petit volume. Après un simple coup d'œil rétrospectif sur l'ancienne justice criminelle et l'établissement du jury, en France, je me suis principalement occupé de la *formation* et des *fonctions* du jury actuel. Sur la procédure proprement dite, j'ai cru pouvoir me contenter d'un simple sommaire, suffisant pour aider à suivre l'audience. Je ne suis descendu aux détails, je n'ai multiplié les explications, que lorsque les actes concernaient les jurés, de loin comme de près.

L'ordre que j'ai suivi m'était, en quelque sorte, indiqué d'avance ; pour plus de clarté, je devais commencer par l'inscription des jurés sur la liste annuelle du jury ; exposer successivement le mode de formation du jury de *session*, du jury de *jugement ;* les phases que présentent les débats d'une affaire et la délibération qui les suit, jusqu'au moment du prononcé de l'arrêt.

En m'attachant, comme je l'ai toujours fait, aux prescriptions de la loi, aux décisions de la jurisprudence, aux enseignements de la doctrine, je n'ai pas négligé les observations pratiques, si recherchées des hommes d'application ; de longues années de magistrature m'ont permis d'en recueillir qui pourront être utiles, je l'espère.

---

# LE JURY

# A LA COUR D'ASSISES

## CHAPITRE Ier.

### INTRODUCTION.

ANCIENNE JUSTICE CRIMINELLE;
LE JURY EN FRANCE, JUSQU'EN 1853.

*Ancienne justice criminelle.*

1. L'établissement du jury en France est dû à l'Assemblée constituante. En faisant table rase de l'organisation judiciaire antérieure, cette illustre assemblée emprunta à l'Angleterre les principaux éléments du tribunal criminel qui allait avoir à juger les affaires portées aujourd'hui devant nos Cours d'assises. Rien ne pouvait être conservé, à cet égard, des institutions de la monarchie. On va le voir: et, faute de place, laissant de côté de nombreux et impitoyables juges extraordinaires, je ne parlerai que des Bailliages et des Parlements.

2. Les lieutenants criminels des Bailliages, juges d'instruction du temps, procédaient aux informations préliminaires. Devant eux, comme partout, les accusés prêtaient serment, sur l'Evangile, de dire *vérité*, étreints ainsi entre le salut personnel et le parjure. Dans les affaires capitales, lorsque la preuve du crime n'était pas suffisante, l'accusé qui niait était appliqué à la Question dite *Préparatoire*, torture

épouvantable dont les procédés variaient avec la localité. Sous Louis XVI, il y en avait encore plus de *vingt* différents : les *Brodequins*, les *Grésillons*, l'*Estrapade*, l'*Huile bouillante*, la *Veille*, l'*Extension*, l'*Eau ingérée*, les *Escarpins au feu*, les *Flûtes*, etc.

Et, cependant, en 1697, sous Louis XIV, grâce à l'illustre premier Président Achille de Harlay, on avait changé, dans *dix-sept* Bailliages du ressort du Parlement de Paris, d'autres tortures jusque-là usitées, où les accusés, non convaincus, avaient péri, ou, du moins, perdu l'usage de leurs membres, jusqu'à demeurer perclus ou estropiés.

Cette Question *Préparatoire* fut abolie, par Louis XVI, en 1780.

**3.** Pour procéder au jugement, d'abord au Bailliage, puis, en dernier ressort, au Parlement, chambre dite de *la Tournelle*, les juges se réunissaient à *huis clos*, sans ministère public. L'un d'eux, rapporteur, lisait les pièces. Puis, l'accusé introduit, sans défenseur, était interrogé, après avoir *juré* de dire vérité. L'accusé sorti, les conclusions cachetées du ministère public étaient ouvertes, le jugement ou l'arrêt délibéré ; le greffier allait en donner lecture à l'accusé, à genoux, dans la prison. — Les jugements et arrêts n'avaient pas besoin, comme aujourd'hui, d'être motivés ; les Parlements et les autres Cours souveraines condamnaient souvent avec cette formule : *Pour les cas résultant du procès*.

**4.** Si l'accusé condamné à mort était présumé avoir des complices, pour les lui faire déclarer, on l'appliquait, avant l'exécution, à la Question dite *Préalable*, donnée avec plus de rigueur encore que la Question

*Préparatoire*. Et les auteurs du temps, pour expliquer de telles cruautés, disaient naïvement : « Il n'y a pas grand ménagement à garder à l'égard d'un corps *confisqué* et qui va être exécuté ! »

La Question *Préalable* ne fut réellement abolie qu'à la révolution de 1789.

5. Aussitôt que l'arrêt de la *Tournelle* était rendu, le condamné était renvoyé, pour y subir sa peine, au siége du Bailliage où, d'abord, il avait été jugé ; c'est-à-dire, dans le ressort du Parlement de Paris, qui comprenait 32 de nos départements, jusqu'à la Rochelle, à Lyon, à Langres, même jusqu'en Auvergne.

6. Quant aux peines criminelles, il y en avait alors une quarantaine, dont cinq capitales : l'*Ecartellement*, réservé aux régicides ; le *Feu vif* aux sacriléges, parricides, empoisonneurs, incendiaires ; la *Roue* aux voleurs de grands chemins et aux assassins ; le *Gibet* ou *Potence* et la *Décollation, par l'épée*, aux autres crimes capitaux ; le *Gibet* était appliqué aux *vilains* ; la *Décollation* aux *nobles*, cette peine n'emportant point note d'infamie comme les quatre autres.

7. Pour les *suicides*, le procès était fait à leurs cadavres, préalablement *embaumés* ou *salés*, et puis traînés, dans les rues, les pieds attachés à la queue d'une charrette.

*Le jury en France, jusqu'en 1853.*

8. L'Assemblée constituante anéantit ces monstruosités judiciaires. Les juges extraordinaires, les Bailliages, les Parlements furent remplacés par des tribunaux criminels, un par département, composés

de quatre juges, de deux officiers du ministère public et de douze jurés. L'audience devint publique; l'accusé fut pourvu d'un conseil; les témoins furent entendus aux débats; la discussion fut libre et complète.

**9.** On supprima les trois quarts des peines; les supplices capitaux furent tous remplacés par la simple privation de la vie, à l'aide d'une machine appelée *Guillotine*, du nom de son inventeur, le médecin Guillotin.

**10.** Les tribunaux criminels et le jury commencèrent d'être en vigueur au mois de janvier 1792.

A ces tribunaux les affaires étaient envoyées par un jury spécial, dit d'*accusation*, composé de huit membres, formé près de chaque tribunal d'arrondissement et présidé par un de ses juges appelé Directeur du jury. En 1811, les Chambres d'accusation des Cours impériales remplacèrent ce jury qui n'avait pas donné de bons résultats, dépourvu qu'il était des garanties qu'il offre en Angleterre. Là le jury d'accusation, dit le *grand jury*, présente des éléments supérieurs à ceux même du jury de jugement, sous le rapport de l'autorité, de l'indépendance et des lumières.

**11.** Quant à notre jury *de jugement*, il a éprouvé, depuis son institution, diverses modifications relativement — à l'*âge*, — au *choix* des jurés, — à la *majorité* des voix pour la condamnation; — à l'étendue de la *juridiction*; voici ce qu'il y a de plus essentiel à connaître touchant ces phases diverses.

**12.** Dans le principe on pouvait être juré à 25 ans; la Constitution de l'an III exigea 30 ans, âge consacré par toutes les lois postérieures.

**13.** Pour la formation des listes, elle avait été successivement confiée, en 1792, au Procureur général-syndic du département; — en l'an VIII, au Préfet aidé des Sous-Préfets. — En 1811, la liste de service, ne comprenant que 60 noms, était adressée par le Préfet au Président des assises qui devait la réduire à 36; c'était une espèce de commission.

**14.** La loi du 2 mai 1827 établit une liste *générale* du jury d'où les préfets tiraient une liste *annuelle* de 300 noms, le département de la Seine excepté, où il en fallait 1500. Sur ces listes annuelles, pour chaque session du ressort de la Cour royale, 36 jurés titulaires et 4 supplémentaires étaient tirés au sort, par le premier président.

**15.** Après la révolution de février, le décret du 7 août 1848 établit une liste *générale* du jury composée de listes communales dressées par les maires et fondues, pour chaque canton, par le préfet. Sur ces listes cantonales, une commission, réunie au chef-lieu du canton, choisissait un citoyen pour 200 habitants. Ainsi étaient formées les listes *annuelles* du jury qui comprenaient 600 à 800 noms pour les 3 départements le moins peuplés, 1000 à 1500 pour les autres, 3,000 pour la Seine. Sur ces listes annuelles étaient aussi tirés les jurys de session.

**16.** Mais, au bout de peu d'années, la défaillance de la répression fit reconnaître la nécessité d'une réforme dans ces listes, et le décret de 1848 fut remplacé par la loi du 4 juin 1853 actuellement en vigueur (V. le chapitre II).

**17.** Quant à la *majorité* des voix exigée pour la condamnation, elle a subi bien des changements.

Dans le principe et jusqu'en 1797, il fallut 10 voix sur 12, pour condamner.

Sous le Directoire, en 1797, on exigea, comme en Angleterre, l'unanimité des suffrages, soit pour la condamnation, soit pour l'acquittement. Au bout de 24 heures, si les jurés n'avaient pu s'accorder, ils délibéraient de nouveau, et leur déclaration, cette fois, se formait à la majorité (Loi du 19 fructidor an v, art. 33).

Un peu plus de deux mois après, l'égalité des voix emporta l'acquittement (L. 8 frimaire an vi).

**18.** En 1811, le Code d'instruction criminelle (art. 351) établit deux sortes de majorités. Lorsque la déclaration des jurés contre l'accusé était formée de huit voix au moins, la condamnation s'ensuivait, sans autre incident. Si sept jurés seulement avaient voté pour la culpabilité, quant au fait principal, le verdict devait mentionner cette circonstance, qui imposait à la Cour, à cette époque, composée de cinq magistrats, l'obligation de délibérer sur le fait. Un grave inconvénient résultait de ce mélange de deux autorités essentiellement distinctes; souvent, lorsque l'affaire était grave, et quoique la culpabilité fût évidente, le jury, pour diminuer sa responsabilité, énonçait que son verdict était rendu à la majorité *simple* et laissait ainsi à la Cour la décision définitive.

**19.** La loi du 4 mars 1831 rendit au jury la connaissance exclusive du fait, et décida que ses déclarations ne pourraient se former contre l'accusé qu'à la majorité *de plus de sept voix*. Dès ce moment, la Cour ne fut plus appelée qu'à appliquer la peine.

L'année suivante (L. 28 avril 1832), le jury fut investi du droit de reconnaître, à la majorité de plus de sept voix, des *circonstances atténuantes* en faveur des accusés reconnus coupables (V. nos 194, 218).

**20.** En 1835, on rétablit la majorité simple pour la condamnation, tout comme pour l'admission des circonstances atténuantes (L. 9 septembre 1835).

**21.** Aussitôt après la révolution de février, la majorité du jury fut portée à neuf voix pour la condamnation, en maintenant la majorité simple pour l'admission des circonstances atténuantes (D. 6 mars 1848, art. 4).

**22.** Mais, au bout de quelques mois seulement d'expérience, il fallut abandonner cette majorité de neuf voix; des acquittements regrettables s'étaient produits dans des affaires même où il y avait eu *aveu* de la part des accusés. Un décret du 18 octobre 1848 rétablit la majorité de plus de sept voix, tout en conservant la simple majorité pour les circonstances atténuantes.

**23.** Enfin, la loi du 9 juin 1853 a rétabli, pour la condamnation, la majorité simple (V. le n° 199).

**24.** La *juridiction* du jury, large, souveraine, en principe, a été plus d'une fois limitée ou suspendue depuis l'institution jusqu'en 1848, et, violemment, sous la Convention, par la *justice révolutionnaire ;* c'est là un point de notre histoire judiciaire et politique ignoré des plus doctes. Les historiens de la révolution, dont aucun n'était juriste, ont laissé à peu près dans l'ombre cette partie capitale de leur sujet; depuis plusieurs années, je travaille à la mettre en lumière, et l'on verra ainsi, combien fut vrai ce mot effrayant de *Terreur!*

Quatre départements, sur 88, échappèrent seuls à cette justice de boucher.

Cent cinquante tribunaux ou commissions révolutionnaires, au moins, ensanglantèrent 178 villes différentes. Plus de quarante, *ambulants*, menaient avec eux, les uns la guillotine, les autres la fusillade; plusieurs réunissaient les deux procédés.

La plupart des juges étaient des fanatiques, sans instruction, sans éducation, même sans moralité; beaucoup cruels par peur; et quelques-uns furent emprisonnés pour avoir trop acquitté!

Presque tous jugeaient sans témoins, sans défenseurs, sans formalités, faisant une victime en peu d'instants; à Nantes, à Lyon, souvent en *une minute et demie*, au plus.

Devant ces commissions, les nobles, les prêtres, les riches ne formèrent, le croira-t-on, que la minorité des condamnés; les ouvriers, les cultivateurs, les petits rentiers fournirent surtout à l'échafaud.

Là, les actes de folie se mêlèrent aux actes de fureur; le *chien* d'un aristocrate fut condamné à mort à Paris; un *perroquet* fut apporté comme témoin à charge à Arras!

Environ 17,000 victimes avaient succombé, lorsque survint la mort de Robespierre, véritable soulagement pour l'humanité.

J'arrive à la justice de notre temps: libérale, humaine, généreuse, digne du respect de tous.

---

# CHAPITRE II.

## COMPOSITION DU JURY ACTUEL; CONDITIONS D'APTITUDE; INCAPACITÉS; INCOMPATIBILITÉS; LISTE ANNUELLE; LISTE DE SESSION.

**25.** Les notions utiles aux citoyens appelés à remplir les fonctions de juré ne concernent pas seulement le jugement des affaires à la Cour d'assises: elles comprennent encore les conditions d'aptitude exigées pour ces fonctions, et la formation des listes du jury : liste *annuelle* et liste *de session*. Les jurés doivent aussi connaître, sur ces divers points, les plus essentielles dispositions de la loi. Je les transcris donc ici en les faisant suivre d'observations propres à les faire bien comprendre.

*Conditions requises pour être juré.*

**26.** Nul ne peut remplir les fonctions de juré, à peine de nullité, s'il n'est âgé de trente ans accomplis, s'il ne jouit des droits politiques, civils et de famille, et s'il est dans l'un des cas d'incapacité ou d'incompatibilité prévus par les articles 2 et 3 suivants (Loi du 4 juin 1853, art. 1er).

Il doit en outre (sans nullité) savoir lire et écrire en français (*Idem*, art. 4).

Ainsi peut être juré, celui qui est âgé de trente ans, jouit de ses droits civils et politiques, et sait lire et écrire en français. Aucune condition de propriété ou de revenu n'est imposée; la loi, sur ce point, est plus libérale que celles mêmes de l'Angleterre et des États-Unis.

**27.** La condition d'âge est substantielle : si un juré n'a pas trente ans, sa présence vicie les opérations auxquelles il prend part (C. instr. crim., art. 381). — Ce juré doit donc être rayé de la liste. Néanmoins un juré, peut siéger valablement, s'il a trente ans accomplis le jour de la formation du jury de jugement.

Pour prévenir les erreurs, la liste indique l'âge de chacun des jurés par la date de leur naissance.

**28.** Quant à la jouissance des droits civils et politiques,

Un étranger non naturalisé ne peut remplir les fonctions de juré ;

Il en est de même du fils d'un étranger, quoiqu'il soit né en France, s'il n'a pas fait la réclamation prescrite par l'art. 9 du Code Napoléon ;

Du Français qui a été naturalisé en pays étranger ; qui y a accepté des fonctions publiques ou pris du service militaire, sans autorisation du Gouvernement ; ou qui a formé un établissement, sans esprit de retour, à l'étranger (C. Nap., art. 17, 21) ;

Du Français qui a été condamné à des peines qui emportent la privation des droits civils ou politiques ; du failli non réhabilité (V. n° 33), etc., le tout aussi à peine de nullité.

**29.** *Incapacités.* — Sont incapables d'être jurés,

1° Les individus qui ont été condamnés, soit à des peines afflictives et infamantes, soit à des peines infamantes seulement ;

2° Ceux qui ont été condamnés à des peines correctionnelles pour fait qualifié crime par la loi ;

3° Les militaires condamnés au boulet ou aux travaux publics ;

4° Les condamnés à un emprisonnement de trois mois au moins ;

5° Les condamnés à l'emprisonnement, quelle que soit sa durée, pour vol, escroquerie, abus de confiance, soustraction commise par des dépositaires publics, attentats aux mœurs, prévus par les art. 330 et 334, C. pén., outrage à la morale publique et religieuse, attaque contre le principe de la propriété et les droits de la famille, vagabondage ou mendicité, pour infractions aux dispositions des articles 38, 41, 43 et 45 de la loi du 21 mars 1832 sur le recrutement de l'armée, et aux dispositions des art. 318 et 423 du Code pénal, et de l'article 1er de la loi du 27 mars 1851 ;

6° Les condamnés pour délit d'usure ;

7° Ceux qui sont en état d'accusation et de contumace ;

8° Les notaires, greffiers et officiers ministériels destitués ;

9° Les faillis non réhabilités ;

10° Les interdits et les individus pourvus d'un conseil judiciaire ;

11° Ceux auxquels les fonctions de juré ont été interdites en vertu de l'art. 396, C. instr. crim. et de l'art. 42, C. pénal ;

12° Ceux qui sont sous mandat d'arrêt ou de dépôt ;

13° Sont incapables, pour cinq ans seulement, à dater de l'expiration de leur peine, les condamnés à un emprisonnement d'un mois au moins (dite loi, art. 2).

**30.** Les condamnations créant des incapacités et qui sont énoncées dans les nos 1 à 6, 11 et 13 de l'article précédent, ne peuvent avoir d'effet que lorsque le jugement correctionnel, le jugement du conseil de guerre, l'arrêt de Cour d'assises ou de Cour impériale qui les prononce est devenu définitif.

**31.** N° 7. L'état d'*accusation* et de *contumace* résulte d'un arrêt de la Cour impériale, chambre des mises en accusation, portant renvoi devant la Cour d'assises pour un fait qualifié *crime*.

**32.** N° 8. Les notaires ne peuvent être destitués que par un jugement de première instance, ou, en cas d'appel, par un arrêt de la Cour impériale.

Les autres officiers ministériels sont destitués par un décret de l'Empereur, rendu, sur le rapport du garde des sceaux, à la suite d'un arrêté disciplinaire du tribunal de première instance, etc.

**33.** N° 9. Quant aux faillis, l'homologation même du concordat ne suffit pas pour leur restituer leurs droits civils. Les faillis, non réhabilités, sont également incapables, lorsque leur faillite a été déclarée par des jugements étrangers, mais exécutoires en France (D. 2 fév. 1852, art. 15, 17°).

**34.** N° 12. L'incapacité qui résulte du mandat d'*arrêt* ou de *dépôt* est essentiellement temporaire. Sitôt le mandat levé, le prévenu qui en était l'objet redevient apte à faire partie du jury.

**35.** *Incompatibilités.*—Les fonctions de juré sont incompatibles avec celles de :

Ministre,
Président du Sénat,
Président du Corps législatif,
Membre du Conseil d'Etat,
Sous-secrétaire d'Etat ou secrétaire général d'un ministère,
Préfet et sous-préfet,
Conseiller de préfecture,

Juge,

Officier du ministère public près les Cours et les tribunaux de première instance,

Commissaire de police,

Ministre d'un culte reconnu par l'Etat,

Militaire de l'armée de terre ou de mer en activité de service et pourvu d'emploi,

Fonctionnaire ou préposé du service actif des douanes, des contributions indirectes, des forêts de l'Etat et de la couronne, et de l'administration des télégraphes;

Instructeur primaire communal (dite loi, art. 3).

**36.** En ce qui concerne le Sénat et le Corps législatif, l'incompatibilité existe pour les deux présidents seuls; les sénateurs et les députés peuvent être jurés, mais ils ont le droit de se faire excuser pendant la durée de ces assemblées (V. art. 16, n° 59).

**37.** Parmi les fonctions publiques incompatibles avec celles de juré, certaines nécessitent quelques explications.

Ce qu'il faut tenir pour constant, d'abord, c'est que les incompatibilités étant de droit étroit, les *titulaires* seuls des emplois énumérés par l'art. 3 sont exclus du jury; les fonctionnaires appelés en leur lieu, même par la vacance de la place, ne peuvent se prévaloir du principe; leur mission de remplacement devient seulement un motif d'excuse que la Cour d'assises doit apprécier.

Ainsi, les directeurs, faisant fonctions de secrétaire général; les conseillers d'arrondissement, de sous-préfet, n'ont pas à se prévaloir de l'incompatibilité attachée au titre de la place qu'ils remplissent par intérim.

**38.** Le mot de *juge* comprend les conseillers et présidents de la Cour de cassation et des Cours impériales, les présidents et juges *titulaires* des tribunaux de première instance et de commerce, et les juges de paix. Tout juge (et spécialement celui de commerce) qui aurait cessé ses fonctions avant la session pourrait valablement siéger comme juré.

Mais l'incompatibilité ne s'étend pas aux juges *suppléants* des tribunaux civils et de commerce, ni aux *suppléants* des juges de paix, ces magistrats ne remplissant que des fonctions accidentelles et temporaires.

Les membres de la Cour des comptes, conseillers-maîtres et conseillers référendaires, ne sont point incompatibles, parce qu'ils ne font partie que de la juridiction administrative.

Il en est de même pour les maires ou adjoints, quoiqu'ils puissent siéger comme juges de police, et pour les prud'hommes. — Cependant, à Paris, les prud'hommes sont fréquemment dispensés, probablement à cause de la multiplicité de leurs occupations.

Les greffiers de toutes les juridictions peuvent encore moins se prévaloir de l'incompatibilité ; celui même de la Cour d'assises ne le pourrait pas.

Les magistrats honoraires des Cours et des tribunaux peuvent être jurés. Les prérogatives dont ils jouissent n'empêchent pas qu'ils ne se trouvent dépouillés de leurs fonctions.

**39.** Quant au Conseil d'État, je crois que les conseillers et autres membres en service extraordinaire, peuvent être jurés, leur position ne les appelant que fortuitement à prendre part aux travaux du conseil.

**40.** Pour qu'il y ait incompatibilité, il ne suffit pas que le militaire de *l'armée de terre ou de mer* soit en activité de service, il faut aussi qu'il soit « pourvu d'un emploi. » Ainsi un général du cadre de *réserve* fait légalement partie du jury.

**41.** Ne peuvent être jurés :

Les domestiques et serviteurs à gages,

Ceux qui ne savent pas lire et écrire en français,

Ceux qui sont placés dans un établissement public d'aliénés, en vertu de la loi du 30 juin 1838 (dite loi de 1853, art. 4).

**42.** « L'exclusion, quant aux *domestiques*, concerne à la fois, et la double expression de : « domestiques et serviteurs, » employée par la loi, l'indique suffisamment, ceux attachés au service de la personne et ceux attachés au service de la maison. Les uns et les autres n'ont pas une indépendance assez complète pour exercer les fonctions de juge.

Justification de la domesticité (V. n° 85).

Un régisseur, un garde particulier, ne me paraissent rentrer dans aucune de ces catégories. Ce sont des employés, des salariés, si l'on veut, mais dont la dépendance n'est pas complète, comme celle du domestique et du serviteur.

**43.** La condition de la lecture et de l'écriture avait été une des bonnes innovations du décret du 7 août 1848. L'absence de cette condition constituait un des vices des lois antérieures (V., pour les bulletins blancs, le n° 215), que des esprits étroits n'avaient pas voulu permettre de corriger. Le 3 février 1838, une pétition adressée à la Chambre des députés, et qui demandait de déclarer inadmissible aux fonctions de juré tout individu ne sachant ni lire, ni écrire, fut écartée par l'ordre du jour! Quelques années auparavant, un juré électeur, absolument illettré, avait fait valoir, devant la Cour d'assises, son défaut d'instruction comme excuse ; sa demande dut être repoussée, cette incapacité n'étant pas prévue par la loi.

« La loi n'exige des jurés que le premier degré d'instruction, la lecture et l'écriture ; mais ce premier degré doit être complétement acquis. Le citoyen qui ne sait que signer son nom, ou qui ne peut lire que les caractères imprimés, ne le possède pas. »

Justification de l'illittération (V. n° 85).

**44.** Sont dispensés des fonctions de juré, 1° les septuagénaires ; 2° ceux qui ont besoin, pour vivre, de leur travail manuel et journalier (dite loi, art. 5).

L'âge de soixante-dix ans est celui de la retraite de la plupart des juges ; on comprend qu'à cet âge les fonctions de juré cessent d'être obligatoires.

Par les mots travail *journalier* et *manuel*, la loi indique le genre de travaux qui dispensent ceux qui s'y livrent des fonctions de juré. Les travaux manuels sont en effet ceux qui exigent le moins d'intelligence et qui rapportent le moins.

### *Composition de la liste annuelle.*

**45.** La liste annuelle est composée,

De deux mille jurés pour le département de la Seine ;

De cinq cents pour les départements dont la population excède trois cent mille habitants ;

De quatre cents pour ceux dont la population est de deux à trois cent mille habitants ;

De trois cents pour ceux dont la population est inférieure à deux cent mille habitants (dite loi, art. 6).

**46.** Ici se trouve le changement le plus profond apporté à la législation antérieure, c'est-à-dire la suppression de la *liste générale* et permanente du jury, que la loi de 1827 (V. n° 14) avait établie, que le décret du 7 août (V. n° 15) avait maintenue et agrandie jusqu'aux dernières limites, sous la pression du suffrage universel.

La liste générale de 1827 avait des bornes; elle ne pouvait comprendre que les électeurs, alors censitaires, et que certaines capacités définies par la loi.

La liste générale de 1848 était universelle; on l'a supprimée à cause de ses inquiétantes proportions, des abus qu'elle entraînait touchant le choix des jurés de service, et surtout à cause de son origine politique.

**47.** Le nombre d'individus appelés, en 1848, à siéger comme jurés était trop considérable, et ce vice de la liste annuelle réagissait naturellement sur les listes de session qui en sont extraites par la voie du sort.

Les chiffres adoptés par la loi nouvelle se rapprochent davantage de ceux qu'avait fixés la loi du 2 mai 1827 (V. n° 14), et ils offrent des gradations numériques plus en rapport avec les différences de population que présentent un grand nombre de départements.

Ainsi la liste annuelle est composée :

De 300 jurés dans cinq départements, dont la population est inférieure à 200,000 habitants, savoir : les Hautes et Basses-Alpes, les Alpes-Maritimes, la Lozère, les Pyrénées-Orientales;

De 400 dans seize autres, qui ont plus de 200,000 âmes;

De 500 dans soixante-sept, qui ont plus de 300,000 habitants;

De 2,000 dans celui de la Seine.

Et l'on peut assurer le service d'une manière permanente, et, en même temps, laisser au sort une suffisante latitude, sans ajouter au contingent ordinaire de la liste, une fois qu'il a été épuisé par les tirages trimestriels faits en Cour impériale (V. n° 61), un nombre de jurés bien considérable.

**48.** *Contingent des cantons.* — Le nombre des jurés pour la liste annuelle est réparti, par arrondissement et par cantons, proportionnellement au tableau officiel de la population. Cette répartition est faite par arrêté du préfet, pris en conseil de préfecture, dans la première quinzaine du mois d'octobre de chaque année.

A Paris et à Lyon, la répartition est faite entre les arrondissements.

En adressant au juge de paix l'arrêté de répartition, le préfet lui fait connaître les noms des jurés du canton désignés par le sort pendant l'année précédente et pendant l'année courante (Loi de 1853, art. 7).

**49.** Il y a des inconvénients à ce mode de répartition entre les cantons du nombre des jurés pour la liste annuelle d'après la population officielle : c'est de donner un nombre égal de jurés aux cantons où la population est égale, mais non l'instruction. Le premier inconvénient, et le plus grave, est de gêner la commission cantonale dans ses choix, lorsqu'elle a à désigner un certain nombre de jurés dans un canton où la population totale est importante, mais où est faible la population lettrée (dans certains cantons ruraux de la Bretagne, de l'Alsace et du Midi, il n'y a pas beaucoup de citoyens sachant lire et écrire en français). Le second inconvénient est d'aggraver la charge qui résulte des devoirs de juré, précisément où elle est le plus onéreuse, dans les campagnes où, proportion gardée, l'instruction est moins répandue que dans les villes.

Une disposition de la loi du 4 juin permet de parer à peu près à ces inconvénients en donnant (art. 11, n° 55) à la commission d'arrondissement le droit d'élever ou d'abaisser, pour chaque canton, le contingent proportionnel fixé par le préfet, sans que l'augmentation ou la réduction puisse excéder le quart du contingent du canton ni modifier celui de l'arrondissement.

**50**. La loi (art. 16, n° 59) n'ayant pas voulu qu'un citoyen dût être contraint de remplir les fonctions de juré plus d'une fois en deux ans, l'art. 7 impose au préfet l'obligation d'indiquer au juge de paix les noms des jurés désignés par le sort dans l'année courante et dans l'année précédente, afin que leurs noms ne soient pas compris dans la liste de service par la commission cantonale. — « Il faut toutefois remarquer que ceux-là seuls qui ont siégé à la Cour d'assises peuvent profiter du bénéfice de cette disposition. Il ne suffit pas d'avoir été porté sur les listes de service précédentes, ou même d'avoir été appelé par le sort, si, par quelque excuse, une dispense de siéger a été accordée : il faut un service effectif.

**51**. *Listes préparatoires.* — Une commission, composée, dans chaque canton, du juge de paix, président, et de tous les maires, dresse des listes préparatoires de la liste annuelle. Ces listes contiennent un nombre de noms triple de celui fixé pour le contingent du canton par l'arrêté de répartition (dite loi, art. 8).

Elle se réunit chaque année, au chef-lieu de la circonscription dans la première huitaine de novembre, sur la convocation du juge de paix (dite loi, art. 10).

La formation de ces listes préparatoires n'est pas toujours exempte de reproches moins quant aux noms qui s'y trouvent qu'à l'égard de ceux qui auraient dû y figurer et qu'une exclusion complaisante en a officieusement écartés; les faiblesses municipales sont notoires. Un moyen d'éviter cet inconvénient grave, très-nuisible à la bonne composition du jury, serait de conférer à la commission d'arrondissement (art. 11, nº 55) le droit de porter sur la liste définitive et dans des proportions d'un cinquième ou d'un sixième les noms d'hommes capables omis sur la liste cantonale.

**52.** *Choix des jurés.* — Les commissions sont investies d'un pouvoir discrétionnaire pour faire la désignation des jurés. La loi a confié cette grave opération à leurs lumières, à leur indépendance, à leur amour pour une impartiale et bonne justice. Elles doivent comprendre toute la gravité de ce devoir social.

« Les règles qui dominent leur travail peuvent se résumer dans des termes fort simples. Etre juré, c'est être appelé à juger, c'est-à-dire à participer à l'une des opérations les plus difficiles de l'intelligence humaine; or, le juré n'y sera apte qu'autant qu'il y aura en lui deux conditions essentielles, et qui doivent être préalablement reconnues, à savoir: *capacité intellectuelle, capacité morale.*

« *Capacité intellectuelle,* car l'appréciation des diverses circonstances et des caractères d'un fait criminel, le discernement de la vérité au milieu des nuages qui peuvent l'obscurcir, enfin la déclaration des divers degrés de la criminalité des auteurs d'un fait, sont des opérations de l'esprit qui supposent une intelligence plus ou moins exercée, une instruction plus ou moins cultivée;

« *Capacité morale,* car il ne suffit pas que le juré discerne et saisisse la vérité, si, par faiblesse ou connivence, il la voile ou la déguise dans son verdict; il faut qu'aucun doute ne plane sur sa probité et sur son indépendance, sur la sûreté de son jugement et la FERMETÉ de son caractère. Ce sont les idées dont les commissions doivent être bien pénétrées au moment où elles procèdent à la formation des listes annuelles. A ces seules conditions, en effet, le jury est pour tous une garantie. »

Les listes préparatoires sont communiquées par les juges de paix au procureur impérial, qui fait vérifier, au greffe du tribunal, si le casier judiciaire ne constate aucune incapacité dans la personne des citoyens portés sur les listes.

**53.** La commission, à Paris, dans les cantons formés d'une seule commune, à Lyon, et dans les communes qui comprennent plusieurs cantons, est composée d'une manière différente (dite loi, art. 9).

**54.** Les listes dressées sont signées séance tenante, et envoyées au préfet ou au sous-préfet, suivant l'arrondissement (dite loi, art. 10).

**55.** *Listes définitives.* — Une commission, composée du préfet ou du sous-préfet, président, et de tous les juges de paix de l'arrondissement, choisit sur les listes préparatoires le nombre de jurés nécessaire pour former la liste d'arrondissement, conformément à la répartition établie par le préfet.

Elle peut élever ou abaisser, pour chaque canton, le contingent proportionnel fixé par le préfet, sans excéder le quart du contingent cantonal, ni modifier le contingent de l'arrondissement.

A Paris et à Lyon, la commission est composée du préfet, président, et des juges de paix (dite loi, art. 11).

L'œuvre de cette commission consiste à réduire au tiers, par voie d'élimination, les listes cantonales, mais sans addition de noms nouveaux ; de sorte que les citoyens omis par les maires et parfois les plus capables et le plus haut placés sont exonérés du service au détriment de l'institution qui serait fortifiée de leur position et de leurs lumières. C'est un vice de la loi qui est à réparer.

**56.** Une liste spéciale de jurés suppléants est dressée par une commission composée du préfet ou sous-préfet, président, du procureur impérial et des juges de paix du chef-lieu.

Ces jurés, 200 pour Paris, 50 pour les autres départements, sont pris parmi les jurés de la ville où se tiennent les assises, sur une liste préparatoire en nombre triple (dite loi, art. 13).

**57.** *Liste alphabétique.* — Le préfet dresse immédiatement la liste annuelle du département, par ordre alphabétique, sur les listes d'arrondissement. Il dresse également la liste spéciale des jurés suppléants.

Ces listes ainsi rédigées sont, avant le 15 décembre, transmises au greffe de la Cour ou du tribunal chargé de la tenue des assises (dite loi, art. 14).

Le 15 décembre est le terme extrême du délai ; il y a, en effet, le tirage du jury de session à opérer, par le président de la Cour ou du tribunal chef-lieu, dix jours au moins avant l'ouverture des assises (V. art. 17, n° 61) ; et il y a des départements où les assises tiennent en janvier.

**58.** Le préfet instruit immédiatement le président de la Cour ou du tribunal des décès ou des incapacités légales qui frapperaient les membres dont les noms sont portés sur la liste annuelle.

Dans ce cas, il est statué conformément à l'art. 390, Cod. instr. crim. (V. n° 64) (dite loi, art. 15).

Pour faciliter aux préfets l'accomplissement de cette obligation, les procureurs impériaux et les juges de paix informent ces hauts fonctionnaires des causes d'incapacité qui viennent à leur connaissance et en donnent en même temps avis au procureur général.

*Formation de la liste de session.*

**59.** Sont excusés, sur leur demande :

1° Les sénateurs et les membres du Corps législatif, pendant la durée des sessions seulement ;

2° Ceux qui ont rempli les fonctions de juré pendant l'année courante et l'année précédente (dite loi, art. 16).

Sur l'application du n° 1er de cet article il n'y a pas de difficulté ; les sénateurs et les députés n'étant excusés que pendant la durée des sessions seulement, leur nom doit être rétabli dans l'urne pour concourir au tirage après la clôture de la session.

**60.** Le n° 2 de l'article est rédigé avec moins de

clarté. Au premier aspect il semble en résulter qu'un juré, pour se faire excuser à raison d'un service antérieur, doive justifier de l'accomplissement de ses fonctions de juré pendant l'année précédente *et* l'année courante ; il n'en est pas ainsi, Les fonctions remplies durant l'une *ou* l'autre année constituent l'excuse reconnue par l'article 16, dont les termes ne sauraient être entendus autrement. Les fonctions accomplies au cours d'une année excusent du service pendant l'année suivante. Ainsi, un juré qui a siégé en 1866 pourra se faire excuser en 1867.

**61**. *Tirage du jury de session.* — Dix jours au moins avant l'ouverture des assises, le premier président de la Cour impériale ou le président du tribunal du chef-lieu judiciaire, dans les autres départements du ressort, tire au sort, en audience publique, sur la liste annuelle, les noms des trente-six jurés qui forment la liste de la session. Il tire, en outre, quatre noms sur la liste spéciale des jurés suppléants (dite loi, art. 17.)

**62**. Cet art. 17 ne désigne pas la chambre de la Cour ou du tribunal à l'audience de laquelle le tirage doit être fait et publiquement. Or, dans les tribunaux de chef-lieu, il y en a deux, et plusieurs dans les Cours impériales. Ce doit être à la première chambre ou à la chambre des vacations, suivant l'époque de l'année, d'après le paragraphe dernier de l'art. 388 du Code, encore en vigueur, et qui porte : « Le tirage sera fait en audience publique de la première chambre de la Cour ou de la chambre des vacations. »

**63**. Voici, maintenant, comment le tirage du jury de session se pratique à la Cour impériale de Paris.

Les noms des jurés sont transcrits avec leurs numéros (d'après la liste annuelle envoyée par le préfet au greffe de la Cour) sur des bulletins de couleur différente, pour les titulaires et les suppléants, afin d'éviter toute confusion.

Classés alphabétiquement, collationnés sur les listes par le greffier en chef, ces bulletins sont placés, à l'audience, dans un carton, sur le bureau du premier président, avec deux urnes destinées à recevoir, l'une les jurés titulaires, l'autre les suppléants.

Ce magistrat ne fait pas l'appel de ces 2,200 noms (V. n^os^ 45 et 56), il faudrait y consacrer plus d'une audience; mais prenant au hasard un certain nombre de bulletins, suivant l'ordre alphabétique, il prononce à haute voix le numéro de l'un deux; le greffier, qui tient la liste, répond par le nom auquel ce numéro correspond, puis le président dépose dans l'urne la série à laquelle le nom vérifié appartient. L'opération achevée, les noms des trente-six jurés titulaires et des quatre suppléants de session sont tirés individuellement au sort et appelés également à haute voix.

Enfin, pour empêcher toute interpolation et tout retrait de bulletins, les deux urnes sont scellées d'une bande de papier empreinte en cire ardente du sceau de la Cour et signée par le président et le greffier, audience tenante.

Lors des sessions suivantes, les scellés sont rompus publiquement et les tirages pratiqués de la même manière. A l'ouverture de l'urne, le président ajoute aux noms qui y sont demeurés ceux des jurés condamnés à l'amende ou excusés temporairement durant la session précédente (V. n° 102).

**64.** Si, parmi les quarante individus désignés par le sort, il s'en trouve un ou plusieurs qui, depuis la formation des listes, arrêtées en vertu de l'art. 14 de la loi (n° 57), soient décédés ou aient été légalement privés des capacités exigées pour exercer les fonctions de juré, ou aient accepté un emploi incompatible avec ces fonctions, la Cour ou le tribunal, le ministère public entendu, décide qu'il sera procédé, séance tenante, à leur remplacement, à l'aide d'un tirage dans l'urne des jurés titulaires ou dans celle des suppléants, suivant que le décédé ou l'incapable appartient à l'une ou à l'autre de ces catégories (C. I. 390 ; L. du 4 juin, art. 15, n° 58). C'est aussi à la Cour ou au tribunal (non au président) qu'il appartient de statuer sur les incidents que peut présenter le tirage des jurés de session, et, notamment, sur le placement par erreur des noms de deux jurés titulaires dans l'urne des jurés supplémentaires, erreur qui a dû faire recommencer le tirage.

**65.** Ces opérations diverses sont constatées par un procès-verbal, dont la minute, signée du président et du greffier, est expédiée avec la liste du jury de session, et transmise immédiatement par le procureur général ou impérial au préfet, pour être notifiée par extrait (n° 74) aux jurés de service. Semblable envoi est fait au président des assises, etc.

---

# CHAPITRE III.

## LA COUR D'ASSISES.

### COMPÉTENCE, SIÉGE, TENUE, COMPOSITION.

**66.** La Cour d'assises est un tribunal criminel composé de magistrats et de jurés, et institué pour juger, en premier et en dernier ressort, les crimes, c'est-à-dire les infractions à la loi réprimées de peines afflictives ou infamantes (C. pén., art. 7, 8), et les dommages civils, suite de ces infractions (C. I. 251, 358). — Sont exceptés les crimes des militaires et des marins sous les drapeaux, justiciables des conseils de guerre et des conseils maritimes, et les crimes des forçats dans les ports, etc., de la compétence des tribunaux maritimes spéciaux. Toutefois, les Cours d'assises constituent la juridiction *ordinaire* en matière criminelle; elles connaissent valablement des simples délits et même des contraventions de police (C. I. 365), et ne peuvent se déclarer incompétentes, soit à raison du fait, soit à raison de la personne; elles sont *saisies* par la Cour impériale (C. I. 251, 271, 365).

Dans certains cas, elles jugent sans l'assistance du jury (V. nº 168).

**67.** La Cour d'assises n'est point un tribunal permanent; elle se réunit à des époques fixes, pour juger les affaires dont l'instruction est complète et qui lui sont renvoyées par un arrêt de la Cour impériale, chambre d'accusation (C. I. 251). Elle ne peut siéger après la clôture d'une session et avant le jour fixé pour l'ouverture de la session suivante.

Il y a, dans chaque département, une Cour d'assises qui se tient, pour ceux où se trouve une Cour impériale, au siége même de cette Cour, et pour les autres, dans la ville où réside le tribunal chef-lieu judiciaire, lequel n'est pas toujours placé au chef-lieu administratif (C. I. 251-53).

Les Cours impériales peuvent (toutes les chambres assemblées), sur la requête du procureur général, transférer la session dans un simple tribunal d'arrondissement, mais, généralement, elles n'usent pas de ce droit.

**68.** Les sessions des assises ont lieu tous les trois mois (C. I. 259). Le jour de leur ouverture est fixé par une ordonnance du premier président de la Cour impériale. Cette ordonnance est affichée dans les chefs-lieux d'arrondissement et lue à l'audience des tribunaux civils du département (L. 20 avril 1810, art. 22; D. 6 juill. 1810, art. 88).

Si le nombre des affaires l'exige, il est tenu une session extraordinaire, en vertu d'une autre ordonnance du premier président (C. I. 259, 260). Le président de la session ordinaire est, de droit, président de l'extraordinaire (D. 6 juill. 1810, 81), à moins que le trimestre ne soit expiré. — A Paris, il y a, par trimestre, six sessions, avec deux présidents, qui se relèvent de quinzaine en quinzaine.

Une session ne doit pas, en général, se prolonger au delà de quinze jours, afin de ne pas retenir les jurés trop longtemps éloignés de leur domicile et de leurs affaires.

**69.** La Cour d'assises est composée : 1° d'un président ; 2° de deux assesseurs; 3° d'un officier du ministère public ; 4° d'un greffier ; 5° de douze jurés (C. I. 252, 253, 309). Des huissiers lui sont attachés pour le service de l'audience.

Le président est un conseiller de la Cour impériale nommé par le garde des sceaux (D. 6 juill. 1810, 79), et remplacé de même, en cas d'empêchement survenu avant la convocation des jurés de session (V. n° 74). Si l'empêchement se produit après cette convocation, le président est remplacé de droit, au siége de la Cour impériale, par le conseiller assesseur le plus ancien (C. I. 263), et dans les autres départements par le président, le vice-président ou même un des juges du tribunal chef-lieu.

Le premier président peut, quand il le trouve à propos, présider, lui-même, la Cour d'assises (L. 20 avril 1810, art. 16).

Les assesseurs, au siége de la Cour impériale, sont des conseillers de cette Cour, désignés par le premier président ; ailleurs, des juges du tribunal désignés par le même sur l'avis du procureur général (C. I. 252, 253; loi 21 mars 1855).

Dans les tribunaux chefs-lieux, les assesseurs empêchés sont remplacés par des juges titulaires ou suppléants, et même par les avocats ou avoués plus anciens (D. 30 mars 1808, art. 49), tous désignés par le président de l'assise (C. I. 253).

**70.** Les membres de la Cour impériale qui ont voté sur la mise en accusation ne peuvent, dans la même affaire, ni présider les assises, ni siéger comme assesseurs, à peine de nullité ; la règle est la même pour le juge d'instruction (C. I. 257).

**71.** L'office du ministère public est rempli, au siége de la Cour impériale, par le procureur général, ou par un de ses avocats généraux ou substituts ; ailleurs, par le procureur impérial, ou par un de ses substituts ou par un juge suppléant, sans préjudice du droit qu'a le procureur général de s'y transporter ou d'y envoyer un membre de son parquet (C. I. 253, 284); le procureur général peut, même étant présent, déléguer un de ses substituts (C. I. 265 ; Loi 10 déc. 1830, art. 3). — Les juges suppléants qui doivent remplir les fonctions du ministère public sont désignés par le procureur impérial ou même par le substitut qui le remplace.

**72.** Le greffier est celui de la Cour ou du tribunal, ou l'un de ses commis assermentés (C. I. 253).

Jurés de jugement. V. nos 113 et suiv.

**73.** Les huissiers sont : au siége de la Cour impériale, ceux de cette Cour ; — ailleurs, ceux du tribunal de première instance, désignés par le chef du parquet, de concert avec le président des assises (D. 14 juin 1813, art. 21 ; 6 juill. 1810, art. 118). — Leurs devoirs, n° 181.

Force armée, Gendarmerie, etc. V. n° *ibid.*

On a vu, plus haut, comment se trouvent réglés :

Les conditions d'aptitude des jurés, nos 26 et suiv. ;

Les cas d'incapacité, nos 29 et suiv. ; 41 et suiv. ;

— d'incompatibilité, nos 35 et suiv. ;

La composition de la liste annuelle, n$^{os}$ 45 et suiv.;
L'inscription sur les listes préparatoires, n° 51 ;
La formation de la liste annuelle, n$^{os}$ 55 et suiv.;
Le tirage du jury de session, n$^{os}$ 61 et 62.

Passons maintenant à l'avertissement à donner aux jurés de service de leur désignation par le sort, et à la procédure antérieure aux débats.

---

## CHAPITRE IV.

### CONVOCATION DES JURÉS DE SESSION; CAS D'EXCUSE ET D'INCAPACITÉ; PROCÉDURE ANTÉRIEURE AUX DÉBATS.

**74.** *Notification des extraits de la liste de session.* — La liste entière n'est point envoyée aux citoyens qui la composent, mais le préfet notifie à chacun d'eux un extrait de la liste qui constate que son nom y est porté. Cette notification est faite huit jours au moins avant celui où la liste doit servir.

Ce jour est mentionné dans la notification, laquelle contient aussi une sommation de se trouver au jour indiqué, sous les peines portées au Code (C. I., 389). Cette notification n'est pas prescrite à peine de nullité; son omission empêcherait seulement la condamnation des jurés défaillants à l'amende.

Au défaut de la personne, la notification est faite au domicile du juré, ainsi qu'à celui du maire ou de l'adjoint du lieu; celui-ci est tenu de lui en donner connaissance (C. I., 389).

**75.** Ces notifications sont confiées à la gendarmerie. Un huissier pourrait également en être chargé.

Le gendarme commis remet au juré ou à la personne trouvée à son domicile la copie de l'extrait en question et de l'acte qui en constate la notification. Il présente habituellement son original au juré ou à la personne qui répond pour lui, et prend leur signature pour constater la réception de la copie. Ce soin est utile sans doute; cependant l'omission de cette signature, même de la part du juré cité, n'ôterait à la notification rien de sa force probante, si d'ailleurs l'original était régulier; l'agent de la force publique a reçu de la loi qualité suffisante pour constater aux yeux de la Cour d'assises la notification en question. Le refus que le juré ferait de signer ne profiterait donc aucunement à celui-ci.

La copie reçue doit être conservée pour être représentée au greffier de la Cour d'assises, dans le cas où le juré a droit à l'indemnité de voyage (V. chap. XII).

**76.** En cas d'absence du juré, le gendarme s'adresse au maire où à l'adjoint de la commune, lui remet la copie et prend son visa.

**77.** Lorsque le juré a reçu en personne la copie de l'extrait qui le concerne, qu'il ait ou non signé l'acte de notification, il n'y a pas de difficulté : il est dûment averti et doit se rendre à son poste, sous la sanction dont je parlerai plus bas. Mais si, au moment où le gendarme se présente, il est absent de son domicile, quel sera l'effet de la notification? Il faut distinguer. Si le juré n'a pas quitté la ville et que son absence de sa demeure ne soit qu'accidentelle, par exemple, une simple sortie pour une cause quelconque, la copie remise à une personne de sa maison le mettra également en demeure de se présenter. Il en serait de même, si cette absence n'avait eu pour objet qu'une course à la campagne. Le juré ne serait excusable que si, lorsque la notification arrive, il était parti pour un voyage de longue durée et que l'on ne connût pas assez exactement son itinéraire pour lui faire parvenir la copie en temps utile.

Les originaux des notifications sont, avant l'ouverture de l'assise, envoyés par le préfet au procureur général ou impérial.

**78.** Tout juré qui ne s'est pas rendu à son poste sur la citation qui lui en a été notifiée est condamné par la Cour d'assises à une amende : la première fois de 200 à 500 fr. (L. du 4 juin 1853, art. 19) ; la seconde de 1,000 fr. ; la troisième de 1,500 fr.

Cette dernière fois, il est de plus déclaré incapable d'exercer à l'avenir les fonctions de juré. L'arrêt doit être imprimé et affiché à ses frais (C. I. 396) (1).

Sont exceptés ceux qui justifient qu'ils étaient dans l'impossibilité de se rendre au jour indiqué. La Cour statue sur la validité de l'excuse (C. I. 397).

Retraite d'un juré pendant une affaire. V. nº 173.

**79.** *Motifs d'excuse.* — Lorsqu'un juré a reçu sa copie, il ne doit pas perdre de temps, s'il a un motif d'excuse suffisant à faire valoir, pour le faire constater régulièrement et pour adresser à qui de droit, avant l'ouverture de la session, les pièces à produire devant la Cour d'assises (V. nº 87).

La cause d'excuse la plus commune, et tout à la fois celle qui est le plus favorablement admise, est une maladie ou une infirmité de nature à mettre un obstacle sérieux à l'exercice des fonctions de juré.

---

(1) Sous le droit intermédiaire, les peines encourues par les jurés défaillants étaient bien plus sévères. Les jurés d'accusation étaient punis de dix jours de prison et de 25 fr. d'amende ; ceux de jugement, de vingt jours de prison et de 50 fr. d'amende (L. 10 germinal an v).

Les autres empêchements, les affaires personnelles, par exemple, ne peuvent presque jamais être pris en considération ; l'appréciation en est trop difficile et ouvrirait la porte aux plus grands abus.

La très-grave maladie d'un proche peut être aussi un motif suffisant d'excuse. Un juré dont la mère est à l'extrémité est dans le cas d'être dispensé : il pourrait ne pas conserver la liberté d'esprit et le calme nécessaires au jugement d'une affaire importante.

Les maladies ou infirmités se constatent par un certificat du médecin rédigé sur timbre, comme toute pièce produite en justice par un simple particulier (L. 13 brum. an 7, art. 12, 12°), et *affirmé* sincère et véritable, par son rédacteur, devant le juge de paix. Ce magistrat doit même s'assurer personnellement de la vérité des faits. La légalisation de la signature du médecin par un maire ou commissaire de police ne peut tenir lieu de l'affirmation ci-dessus.

**80.** Le médecin, chirurgien ou autre officier de santé qui, pour favoriser un juré, justifierait faussement une maladie ou infirmité propre à le dispenser du service, encourrait un emprisonnement de deux à cinq ans. S'il y avait eu dons ou promesses, la peine serait le bannissement, et elle atteindrait aussi le juré corrupteur (C. Pénal, 160).—Si l'excuse alléguée était seulement reconnue fausse, la peine encourue par le juré serait de six jours à deux mois de prison (C. P. 236).

**81.** Après les maladies viennent certains empêchements résultant de services publics, de nature à constituer une excuse ; telle est la position :

D'un membre du conseil général pendant la session ;

De jurés inscrits sur les listes et ayant rempli les fonctions de juré dans un autre département;

De jurés convoqués, le jour ou l'un des jours de la session, pour aller voter comme électeurs dans une autre ville ou commune;

D'un juré détenu pour dettes.

Le service d'un juré dans l'une des deux années antérieures est encore un motif d'excuse valable (V. n° 60); que si le juré garde le silence sur cette excuse, il prend très-régulièrement part au service de la session à laquelle il se trouve appelé.

Mais un juré désigné pour faire partie du jury d'expropriation doit être maintenu, cette excuse n'est pas prévue par la loi.

**82.** Indépendamment des motifs d'excuse, il peut se rencontrer chez un juré, ce qui est plus rare, des causes d'incapacité *absolue*, soit *permanentes*, soit *accidentelles*, et qu'il doit faire connaître à la Cour, à cause des nullités qui pourraient résulter de la part que ce juré incapable prendrait au jugement d'une affaire, même de sa seule présence au tirage du jury, si le nombre des jurés de service était réduit au chiffre strict de trente, parce qu'un tirage fait sur vingt-neuf jurés est radicalement nul, ainsi que tout ce qui s'ensuit (C. I. 393).

**83.** *Cas d'incapacité,* etc.— Les incapacités *absolues* et *permanentes* sont :

Le défaut de nationalité, le défaut d'âge (V. n° 26);

La privation des droits civils ou politiques (V. n° 29);

L'ignorance de la langue française, et les incapacités et incompatibilités plus nombreuses prévues par les art. 2 et 3 de la loi du 4 juin (V. nos 29 et 35).

Les deux premières causes d'incapacité s'établissent au moyen de l'extrait de naissance du juré, que celui-ci joint à sa réclamation. La troisième se prouve en produisant un extrait de l'arrêt de condamnation.

L'ignorance de la langue française constitue également une cause d'incapacité absolue concernant un juré.

Les noms des jurés atteints d'incapacités permanentes doivent être rayés de la liste de session; il y a là, en effet, plus que des excuses péremptoires pouvant exempter du service: ce sont des empêchements absolus.

**84.** Les incapacités *accidentelles* sont celles qui résultent pour un juré d'avoir, par exemple, figuré dans une affaire comme officier de police judiciaire, etc. (V. n° 107). A l'égard des jurés dans cette position, leurs noms sont simplement retirés de l'urne, par le président, avant le tirage du jury de jugement pour l'affaire dont ils ne peuvent connaître; ils y sont rétablis pour les tirages suivants (V. n° 123).

**85.** Quant à *l'illittération* ou au défaut de lecture et d'écriture en français, si elle était alléguée par le juré lui-même, la Cour aurait à en apprécier la vraisemblance, quoiqu'il ne soit pas présumable que, pour se faire excuser du service, un citoyen voulût exciper d'une prétendue ignorance. Que si, par erreur, un juré illettré avait été porté sur la liste annuelle, et que, signalé comme incapable, sous ce rapport, il ne voulût pas confesser la vérité, la Cour devrait, je crois, ordonner qu'il lirait et écrirait devant elle, sinon à l'audience, dont cet incident pourrait troubler la gravité, au moins dans la chambre du conseil.

L'état de domesticité s'établit au moyen de certificats du maître, visés au besoin, par le maire ou le commissaire de police de la commune.

La présence, dans le jury, d'un individu illettré ou domestique, ne constituerait pas une nullité : la loi n'a attaché cette sanction rigoureuse qu'aux incompatibilités ou incapacités établies par les art. 1, 2 et 3 de la loi du 4 juin (nos 26, 29, 35).

**86**. Viennent ensuite les septuagénaires et les citoyens vivant d'un travail journalier (Loi, art. 5 ; V. n° 44) ; si ces jurés ne se prévalent pas de leur droit d'exemption, le moyen ne doit pas être proposé d'office ; ils ont capacité pour siéger valablement. Que s'ils présentent seulement leurs motifs d'exemption devant la Cour d'assises, cette Cour doit les exempter du service pour la session.

A l'égard des septuagénaires, de leur âge résulte un privilége dont ils doivent profiter dès l'instant qu'ils le réclament.

Quant aux citoyens vivant d'un travail manuel et journalier, leur inscription sur les listes ne saurait constituer une fin de non-recevoir contre eux. Le législateur a voulu les exempter du service en considération de leur défaut d'aisance. Or, cet état peut ne se révéler que lors de la formation du jury de session. C'est une question de fait à apprécier par la Cour d'assises, avec la faculté de rejeter l'excuse, si elle ne lui paraît pas justifiée.

**87.** Toutes les réclamations et pièces doivent être adressées au procureur général ou au procureur impérial, suivant que les assises se tiennent au siége de la Cour impériale ou dans un autre département. Ces magistrats sont chargés par la loi des diligences et réquisitions nécessaires pour faire procéder, le cas y échéant, au complément de la liste du jury de session (C. I. 390) : ils doivent, par conséquent, examiner les pièces relatives aux excuses que font valoir les jurés. D'un autre côté, ces pièces pouvant être imparfaites ou insuffisantes, il faut que le juré qui les produit puisse être averti, en temps utile, de les faire régulariser ou compléter. Le président des assises, qui n'est pas directement appelé, comme les officiers du ministère public, à prendre ce soin officieux, est, d'ailleurs, moins en position de recevoir la correspondance qui y est relative.

Il n'est pas nécessaire d'affranchir, ni de faire contresigner les lettres adressées, savoir : au procureur général, dans tout le ressort de la Cour impériale, et au procureur impérial du tribunal chef-lieu judiciaire, dans tout son département. Le président des assises ne jouit pas du même privilége et ne reçoit *franco* que les dépêches contresignées par certains fonctionnaires.

**88.** *Procédure antérieure aux débats.* — Aussitôt que la Cour impériale a prononcé l'accusation d'un prévenu, le dossier est envoyé au parquet de la Cour d'assises compétente, pour que l'affaire soit mise en état (C. I. 291).

L'arrêt de renvoi et l'acte d'accusation sont adressés au parquet du tribunal où s'est faite l'instruction; ces deux actes sont signifiés par un huissier, à la requête du procureur général, à l'accusé, auquel il est laissé copie du tout (*Id.* 242).

Dans les vingt-quatre heures suivantes, l'accusé est transféré de la maison d'arrêt où il était détenu dans la maison de justice (C. I. 603) établie près de la Cour d'assises compétente (*Id.* 243, 292). Les pièces de conviction demeurées au greffe de première instance sont transportées au greffe de cette Cour (*Id.* 291).

Lorsque l'accusé n'arrive dans la maison de justice qu'après l'ouverture des assises : pour le juger, durant la session, il faut son consentement et celui du procureur général (*Id.* 261).

**89.** Vingt-quatre heures après son entrée dans la maison de justice, il est interrogé par le président ou le juge que délègue ce magistrat.

Le président avertit l'accusé du délai de cinq jours qui lui est accordé pour se pourvoir en cassation contre l'arrêt de renvoi, et lui nomme, à peine de nullité, un conseil, s'il n'en a pas encore désigné un (C. I. 294). — Ce conseil est le plus ordinairement un avocat, ou un avoué du siége, s'il n'y a pas d'avocats. L'accusé le prend encore, avec la permission du président, parmi ses parents ou amis (C. I. 295).

Pendant ce délai de cinq jours, l'accusé ne peut être jugé, à moins qu'il n'y consente formellement et ne renonce à se pourvoir contre l'arrêt de renvoi.

**90.** Une copie des principales pièces de l'instruction est ensuite délivrée gratuitement et remise par le greffier à l'accusé qui peut, à ses frais, faire copier toutes les autres (C. I. 305).

Son conseil communique avec lui après l'interrogatoire et prend communication de toutes les pièces (au greffe), sans déplacement (*Id.* 302).

**91.** Si l'accusé ou le procureur général ont des motifs pour demander la remise de l'affaire à la session suivante, ils présentent leur requête au président qui prononce, et peut aussi ordonner ce renvoi d'office, tant que la Cour d'assises n'est pas saisie : c'est-à-dire si le tirage du jury de jugement n'a pas été commencé (C. I. 306).

L'état de démence de l'accusé motiverait ou même nécessiterait ce renvoi (V. n° 176).

**92.** Lorsqu'un supplément d'instruction paraît utile, le président y procède personnellement ou par délégation (*Id.* 303). Il a le droit, entre autres mesures, d'ordonner la mise au secret de l'accusé (*Id.* 613); de prescrire l'impression et la distribution d'un plan des lieux du crime.

**93.** Le procureur général ou impérial fait citer, pour l'audience indiquée par le rôle (V. n° 96), les témoins à charge, et même, lorsque l'accusé est indigent, ceux à décharge, dont la déclaration lui paraît utile (*Id.* 321).

Il fait notifier à l'accusé la liste de ces témoins vingt-quatre heures au moins avant l'ouverture des débats. La même obligation est imposée, dans le même délai, à la partie civile envers l'accusé, et à l'accusé envers le procureur général seulement (C. I. 315).

Le président peut aussi ordonner l'assignation des témoins indiqués par l'accusé indigent, dans le cas où leur déclaration serait jugée utile à la découverte de la vérité (L. 22 janv. 1851, art. 30).

**94.** Le procureur général ou impérial fait, en outre, notifier à l'accusé la liste des jurés de session, la veille du jour de la formation du jury de jugement, ni plus tard, ni plus tôt, à peine de nullité (C. I. 395); et ce malgré la renonciation de l'accusé à se prévaloir du défaut de notification. Si la notification a été anticipée, l'augmentation du délai étant favorable à l'accusé pour préparer ses récusations, il n'y a pas nullité.

**95.** Enfin, il y a lieu d'appeler à l'audience, par une citation, savoir : à la requête du ministère public, le prévenu en liberté, lorsqu'il s'agit d'un délit connexe à un crime, et à la requête des parties civiles, les personnes civilement responsables des crimes de l'accusé mineur (C. I. 184).

**96.** Un *rôle* des affaires à juger pendant la session et qui comprend les noms des accusés, la nature de l'accusation, le jour fixé pour l'audience, etc., est dressé par le président et affiché, entre autres lieux, dans la chambre du jury et au greffe de la Cour.

Telles sont les principales formalités qui précèdent l'ouverture de l'assise.

## CHAPITRE V.

### OUVERTURE DE L'ASSISE ; — FORMATION DU JURY DE SESSION.

**97.** Le jour de l'ouverture de l'assise et à l'heure indiquée par la notification, les jurés se réunissent dans la salle d'audience de la Cour. C'est là qu'on procède aux préliminaires et que l'on prononce les arrêts relatifs à la formation du jury de session.

**98.** La Cour prend séance. De l'ordre du président, le greffier se lève et fait l'appel des jurés portés sur la liste, titulaires et suppléants. Il est pris note de ceux qui ne répondent pas ou qui produisent une excuse. Cet appel et les vérifications auxquelles il peut donner lieu doivent être faits avec le plus grand soin. On a vu des jurés, trompés par une similitude de noms, se présenter à l'audience, quoique non portés sur la liste de service. Or, il a été décidé, et avec raison, que la présence dans le jury de jugement d'un juré non inscrit sur la liste, et ainsi dépourvu du droit de siéger, était une cause radicale de nullité de la déclaration à laquelle il avait concouru. Si des erreurs ont été commises sur la liste quant à l'âge et au domicile d'un juré, ou concernant l'orthographe de son nom, la Cour en ordonne la réparation.

**99.** L'appel terminé, le procureur général ou impérial s'explique sur les excuses ou incompatibilités que font valoir les jurés défaillants, ou ceux qui ont comparu, mais qui veulent se faire dispenser. Il prend des réquisitions, s'il y a lieu, contre ceux qui ne se sont pas présentés et n'ont point fait parvenir d'excuse, ou, du moins, d'excuse valable.

**100.** La Cour examine les pièces; elle entend les jurés présents, qui peuvent s'expliquer verbalement ou par écrit; elle s'assure, quelquefois par une sorte d'enquête sommaire, parmi les autres jurés, de la vérité des faits allégués; elle surseoit à prononcer lorsque les justifications paraissent insuffisantes ou les pièces produites irrégulières; — si elle conçoit des doutes sur la sincérité des certificats de maladie, elle commet un autre médecin pour visiter de nouveau le juré qui se prétend infirme ou malade.

Si un juré dont le domicile est connu ne paraît pas avoir été régulièrement averti, elle commet un huissier pour le citer de nouveau.

La Cour examine aussi les causes d'incapacité signalées comme atteignant des jurés compris sur la liste.

**101.** Les Cours d'assises apprécient souverainement les motifs d'excuse non définis par la loi.

**102.** Pour les jurés décédés, pour ceux qui exercent des fonctions permanentes incompatibles avec l'office de juré, pour ceux qui sont atteints d'infirmités jugées incurables (par exemple, une *surdité* très-marquée ou bien la *cécité*), la Cour prononce la radiation de leurs noms de la liste annuelle.

Pour les jurés dont la maladie, l'infirmité ou toute

autre cause de dispense n'est que temporaire, elle prononce la radiation de leurs noms de la liste de service seulement et ordonne qu'ils seront rétablis dans l'urne pour être soumis aux tirages des sessions suivantes (V. nos 61 et suiv.).

Enfin elle prononce, s'il y a lieu, les amendes (V. n° 117) requises contre les défaillants, et ordonne aussi le rétablissement de leurs noms dans l'urne.

La Cour statue sur tous ces incidents par un ou plusieurs arrêts motivés, qui sont exécutés à la diligence du ministère public.

**103.** Il arrive souvent que l'absence non justifiée d'un juré ne provient que d'un retard involontaire. Lorsque ce juré se présente, soit le jour même, après l'arrêt qui le concerne, soit un autre de la session, la Cour l'admet, sans difficulté, à former opposition à cet arrêt à la barre, et à présenter son excuse en personne, ou par un fondé de pouvoir spécial sans ministère d'avoué. Ce juré peut se faire assister d'un conseil, s'il le juge nécessaire. La Cour, le ministère public entendu, et suivant les circonstances, relève le juré de l'amende prononcée, ou, ce qui est rare, maintient la condamnation.

Si la session se trouve close avant que le juré se soit présenté, et que l'arrêt par défaut lui ait été signifié, il doit y former opposition par le ministère d'un huissier, qui notifie son acte au chef du parquet de la Cour d'assises, dans les dix jours de la signification de l'arrêt, outre un jour par cinq myriamètres de distance. Cette opposition est jugée à la session suivante. Dans tous les cas, le juré opposant doit supporter, comme les ayant occasionnés par sa négligence, les frais qu'entraînent l'expédition et la signification de l'arrêt et son opposition (C. I. 187).

**104.** Quelquefois, pour s'obliger à l'exactitude, les jurés conviennent entre eux d'une rétribution imposée aux retardataires et dont le produit est, à la fin de la session, versé partie à la caisse des prisonniers, partie à la colonie agricole de Mettray (Indre-et-Loire), ou de tout autre établissement de bienfaisance.

**105.** *Jurés suppléants.* — Lorsque, par l'effet des radiations diverses qu'elle a prononcées, le nombre des jurés titulaires se trouve réduit au-dessous de trente, la Cour ordonne qu'il sera complété par les jurés suppléants (C. I. 393 ; Loi du 4 juin 1853, article 13 ; V. n° 56). Ce nombre de trente ne doit pas être dépassé ; l'intervention d'un suppléant qui porterait la liste à trente et un serait une cause de nullité.

Les jurés suppléants, qui ne doivent pas remplacer les titulaires excusés, sont libres jusqu'au lendemain. Lorsque le nombre des titulaires présents dépasse trente, les suppléants sont quelquefois dispensés de se rendre au palais, à la condition de se trouver à leur domicile à l'heure de l'audience, afin de pouvoir être immédiatement appelés en cas de besoin.

**106.** *Jurés complémentaires.* — Si, tous les suppléants appelés, la liste se trouve encore inférieure à trente, il y a indispensablement lieu à un tirage complémentaire ; le jury de jugement formé sur une liste de moins de trente jurés, nombre *légal et substantiel*, serait radicalement nul ainsi que tout ce qui suivrait (V. n° 82), et nonobstant l'acquiescement du ministère public et de l'accusé. Ce nombre de trente ne peut pas être non plus dépassé par le tirage complémentaire ; un juré appelé au delà de ce chiffre serait aussi une cause de nullité.

Ce tirage est fait par le président, à l'audience et publiquement (Loi du 4 juin 1853, art. 18), dans une urne où sont placés les noms des jurés de la ville, étrangers à la liste annuelle et portés sur la liste supplémentaire formée comme on l'a vu plus haut (n° 56).

**107.** Il est également procédé à un tirage complémentaire, au cours de la session, lorsque le nombre des jurés de service devient inférieur au nombre légal par suite de l'indisposition d'un juré ou d'une incompatibilité accidentelle qui vient l'atteindre, par exemple si, dans une affaire, il a été—officier de police judiciaire, — témoin,— interprète, —expert ou partie; (C. I. 392);— s'il est le conseil de l'accusé,— même s'il a signé, comme avoué, une plainte contre l'accusé. Mais il n'y a pas d'incompatibilité entre les fonctions de juré et celles d'avocat ou d'avoué ayant exercé dans un procès civil contre l'accusé.

Parenté, alliance avec l'accusé. V. n° 132.

**108.** Ces tirages complémentaires doivent se renouveler tant qu'ils n'amènent pas les noms de jurés qui soient promptement trouvés, et jusqu'à ce que la liste des trente soit effectivement complétée par la présence des complémentaires à l'audience.

Les jurés ainsi désignés par le sort ne peuvent s'excuser de ce service sur le motif qu'ils auraient déjà siégé dans une des quatre sessions précédentes (V. n° 60). Ce service extraordinaire et inattendu est une charge attachée à leur résidence habituelle dans la ville où se tiennent les assises. L'art. 393, § dernier, du Code, exclut formellement des dispositions de l'art. 391 (exemptions fondées sur un service antérieur) les remplacements opérés pour compléter la liste de session.

Un juré complémentaire serait donc, et malgré l'imprévu de cet appel, passible de l'amende, si, dûment averti, il ne se rendait pas immédiatement à l'audience, sauf à y faire valoir ses motifs d'excuse ou d'empêchement que la Cour devrait plus aisément accueillir d'un citoyen désigné ainsi à l'improviste.

**109.** Dans l'usage, aussitôt que les noms sont sortis de l'urne, des gendarmes ou des huissiers sont chargés par le président d'aller avertir verbalement les jurés désignés par le sort, et ceux-ci défèrent, en général, sans difficulté, à cet appel. Cependant, en cas de non-comparution, une sommation semblable ne pourrait motiver une condamnation quelconque à l'égard des défaillants; pour encourir l'amende, ils devraient avoir été l'objet d'une notification régulière, avec remise à eux-mêmes de la copie, l'urgence de la mesure ne laissant pas le temps moral suffisant à leurs proches ou domestiques de leur faire parvenir cette copie, en cas d'absence de leur domicile au moment où l'agent de la force publique viendrait à s'y présenter.

Une fois admis, les jurés complémentaires font légalement partie du jury pendant le reste de la session, à moins qu'ils n'aient été appelés que pour remplacer des jurés dans une affaire spécialement désignée.

**110.** Les accusés, ni leurs conseils, n'assistent aux opérations relatives à la formation du jury de session; ils n'ont pas le droit d'y être entendus.

**111.** C'est aussi à l'audience, que la Cour, dans les procès qui paraissent de nature à entraîner de longs débats, ordonne, s'il y a lieu, qu'indépendamment des douze jurés de jugement, il en sera tiré un ou deux autres qui assisteront aux débats pour remplacer ceux des premiers qui se trouveraient indisposés. Ce remplacement s'effectue suivant l'ordre dans lequel ces jurés supplémentaires auront été appelés par le sort (C. I. 394).

Dans le même cas, la Cour peut s'adjoindre un conseiller ou juge supplémentaire, pour remplacer l'assesseur qui viendrait à être empêché (L. 25 brum. an 8, art. 4).

C'est le président qui désigne l'assesseur supplémentaire (C. I. 253).

Ces mesures peuvent être prises en l'absence des accusés.

La liste de service arrêtée, la Cour se retire, et il est procédé au tirage du jury de jugement.

**112.** Les diverses opérations relatives à la formation du jury de session sont constatées par un procès-verbal détaillé (signé du président et du greffier).

---

## CHAPITRE VI.

### FORMATION DU JURY DE JUGEMENT.

**113.** *Local du tirage.*—Le tirage du jury de jugement se fait avant l'ouverture de l'audience (C. I. 399), soit dans la chambre du conseil, soit dans la chambre des jurés, si la première pièce n'est pas assez vaste, soit même dans la salle des assises, avant l'introduction du public, si ce local est le seul assez spacieux.

**114.** Le président, ou l'un des juges par lui délégué à cet effet (C. I. 266), assisté du greffier, procède à cette opération, en présence :

Des jurés non excusés et non dispensés ;

De l'accusé (extrait de la maison de justice par la gendarmerie), et de son conseil, s'il est arrivé : on n'est pas tenu indispensablement d'attendre ce dernier ;

Et du procureur général (C. I. 399).

La partie civile, s'il y en a une, ni son conseil, n'ayant aucun droit de récusation à exercer, n'assistent pas au tirage ; toutefois, leur présence n'emporterait pas nullité.

Assistance des assesseurs au tirage, incidents contentieux. V. n° 126.

**115.** D'abord le président demande aux accusés leurs noms pour constater leur identité, ensuite le greffier appelle les jurés maintenus sur la liste de service. Le nom de chaque juré qui répond est déposé dans une urne par le président (C. I. 399). Ce sont bien les noms qui doivent être mis dans l'urne, et non, par exemple, des numéros correspondant aux numéros d'ordre placés en marge de la liste de service.

Avant de commencer le tirage, le président avertit l'accusé, en l'interpellant par son nom, du nombre de récusations que la loi lui donne le droit d'exercer et qui varie suivant le nombre des jurés présents ; il ajoute, dans l'usage, que le ministère public a la même faculté.

**116.** Pour l'inscription des noms des jurés à déposer dans l'urne, on emploie souvent de petits carrés de carton susceptibles d'affinité entre eux par séries, de façon que les mêmes noms sortent assez habituellement de l'urne, malgré les efforts du président pour les bien mêler.—Le mode suivi dans beaucoup de Cours d'assises me semble préférable. L'on s'y sert de demi-billes, ou olives en bois dur et poli, exactement égales, sur la surface plane desquelles le greffier colle un papier portant le nom d'un juré. Le mélange de ces billes dans l'urne s'opère parfaitement. — En outre, le président sépare et classe les noms qui sortent, au moyen d'un tableau en bois divisé en 36 cases, qui sont groupées par catégories de 12, savoir : au milieu, 12 pour les jurés de jugement, et 12 de chaque côté, pour les jurés récusés, tant par l'accusé que par le ministère public. Avec ce tableau, aucune erreur n'est possible.

**117.** Si l'accusé n'entend pas le français, le président lui nomme un *interprète*, dont il reçoit le serment (C. I. 332). Cet interprète assiste l'accusé au tirage, puis aux débats, et lui traduit les questions qui lui sont adressées, les dépositions des témoins, les pièces lues à l'audience, etc.

L'interprète ne peut être pris, même du consentement de l'accusé ou du ministère public, parmi les témoins, les juges et les jurés (C. I. 332). Ce sont les jurés de jugement, car les autres, non désignés par le sort, sont aptes à remplir cette mission.

Le sourd-muet, qui sait écrire, est interrogé et répond par écrit. Les questions et les réponses sont lues par le greffier. Au sourd-muet qui ne sait pas écrire, on nomme pour interprète la personne qui a le plus d'habitude de converser avec lui (C. I. 333). L'interprète peut être récusé, avec motifs, par l'accusé et le procureur général; la Cour prononce (*Id.* 332).

Interprète des témoins. V. n° 164.

**118.** Le président tire ensuite et successivement les noms des douze jurés qui doivent former le jury de jugement (C. I. 399). A ce moment, les jurés ne sont plus tenus de répondre à l'appel de leurs noms.

Si un juré, absent lors de l'appel, arrive avant le commencement du tirage, il doit concourir à la formation du tableau, et, à cet effet, son nom est rétabli dans l'urne; que si un arrêt avait constaté son absence, et qu'un juré, soit suppléant, soit complémentaire, avait été appelé à sa place, son nom ne pourrait être remis dans l'urne qu'en vertu d'un nouvel arrêt l'admettant à siéger.

Le président peut annuler le tirage et procéder à un autre lorsqu'il s'aperçoit que le nom d'un juré présent n'a pas été mis dans l'urne.

Jurés qui ne peuvent siéger. V. nos 133, 154.

**119.** *Récusations.* — L'accusé ou son conseil d'abord, le ministère public après eux, et à mesure que les noms sortent de l'urne récusent tels jurés qu'ils jugent à propos, mais sans pouvoir exposer leurs motifs de récusation (C. I. 399). Un seul mot est à prononcer : *Récusé.* C'est là ce qu'on appelle la récusation *péremptoire* ; c'est la seule régulière ; c'est encore la seule logique, et le législateur a eu raison de la consacrer ; l'on peut se figurer les inconvénients graves qui seraient résultés du système contraire, de l'exposé de griefs plus ou moins irritants qui auraient motivé l'écart de tel ou tel juré et des discussions fâcheuses qui auraient suivi.

Les récusations auraient été motivées, malgré la défense de la loi, qu'elles n'en produiraient pas moins leur effet. Il en serait de même pour celles qui, sans être motivées, paraîtraient le résultat d'un concert entre les jurés récusés et l'auteur des récusations. V. n° 128, les récusations de complaisance.

La récusation d'un juré ne peut être admise lorsque le nom du juré suivant a été extrait de l'urne et proclamé.

**120.** L'accusé et le procureur général peuvent exercer un nombre égal de récusations ; cependant, si les jurés présents sont en nombre impair, l'accusé peut exercer une récusation de plus (C. I. 401). Le nombre des récusations est forcément restreint par l'adjonction des jurés suppléants de jugement.

Si l'accusé ou le procureur général n'épuise pas son droit, cette abstention n'autorise pas l'adversaire à exercer un nombre plus grand de récusations que celui que la loi accorde. Il y aurait là non-seulement un excès de pouvoir, mais une illégale modification du jury au préjudice de la partie qui, en gardant le silence à l'égard de certains noms, était censée les agréer pour faire partie de ses juges.

**121.** S'il y a plusieurs accusés, ils peuvent se concerter pour exercer leurs récusations; ou bien les exercer séparément, sans dépasser, en aucun cas, le nombre de récusations plus haut indiqué (C. I. 402). S'ils ne se concertent pas, le sort règle entre eux le rang dans lequel il font leurs récusations. Dans ce cas, les jurés récusés par un seul accusé le sont valablement pour tous les autres (*Id.* 403) : ce qui ne veut pas dire qu'un des accusés pourra exercer le droit de tous ses coaccusés. Ces derniers doivent récuser à leur tour, dans l'ordre réglé par le sort.

Enfin, les accusés peuvent se concerter pour une partie seulement de leurs récusations, sauf à exercer le surplus suivant le rang que le sort a fixé (C. I. 404).

Mais, le plus souvent, ils laissent leurs conseils exercer les récusations que ces derniers jugent utiles, et un seul avocat, lorsqu'il y en a plusieurs dans la même affaire, se charge de ce soin pour tous.

**122.** Le jury est formé à l'instant où il est sorti de l'urne douze noms de jurés non récusés, plus les noms des suppléants, s'il y en a eu d'adjoints par la Cour (V. n° 111). Dès ce moment, aucune récusation ne peut plus être exercée, même sous le prétexte d'une erreur ou d'un oubli.

Lorsque, par erreur, treize noms au lieu de douze ont été tirés de l'urne, il n'y a pas nullité, pourvu que le treizième juré, sur l'invitation du président, s'abstienne de prendre part aux débats.

Les récusations de l'accusé et du ministère public s'arrêtent lorsqu'il ne doit plus rester que douze noms dans l'urne, ou treize ou quatorze, en cas d'adjonction d'un suppléant ou deux.

L'opération du tirage est indivisible : ainsi le dépôt, dans l'urne, des noms des jurés présents ne doit pas être séparé du tirage du jury de jugement.

**123.** Il est successivement procédé au tirage des jurys de jugement de toutes les affaires qui doivent être jugées le même jour, d'après l'ordre indiqué par le président. Le Code, art. 405, prescrit de commencer l'examen de l'accusé immédiatement après la formation du tableau du jury ; mais l'observation littérale de cette disposition, lorsqu'il y a plusieurs affaires, est à peu près impraticable ; elle nécessiterait la présence au palais de tous les jurés de service durant toute la journée, afin de pouvoir concourir à la formation du tableau d'une affaire aussitôt que la précédente aurait été jugée. La jurisprudence a décidé que l'usage actuel, pratiqué dès la mise en vigueur du Code, n'avait rien de contraire à l'esprit de la loi.

Lorsque les jurys sont formés, le greffier lit à haute voix les noms des jurés qui les composent. Le président indique ensuite la durée approximative des premières affaires, afin que les jurés, qui ne connaîtraient que des suivantes, puissent se trouver au palais avant l'ouverture des débats.

**124.** Le greffier doit dresser de l'opération un procès-verbal signé par le président et le greffier.

**125.** *Le chef du jury* est le premier juré désigné par le sort, ou celui que les autres jurés voudront désigner eux-mêmes, et de son consentement (C. I. 342). Cette acceptation n'a pas besoin d'être expresse. Il est cependant à propos de la mentionner dans la déclaration ou verdict (1) (V. n° 275). L'assentiment du juré dont le nom est sorti le premier de l'urne n'est pas nécessaire. — Enfin, ce remplacement peut être effectué, soit immédiatement après le tirage, soit au cours des débats, soit dans la chambre et pendant la délibération du jury.

**126.** *Incidents ; Compétence.* — Si pendant le tirage du jury un incident s'élève, qui fasse difficulté, à qui en appartiendra la solution ? sera-ce au président seul ou bien à la Cour entière de statuer ?

Sur le tirage proprement dit, pas de doute : le président peut y procéder seul ; l'assistance de ses assesseurs ne lui est point nécessaire ; toutefois, la présence de ces magistrats ne vicie nullement la procédure.

Quant aux incidents du tirage et à l'autorité compétente pour les juger, il y a deux autorités. Le président procède seul à la formation du tableau, si cette opération ne donne lieu à aucune contestation, ou, au moins, ne présente que des incidents non suivis de réclamations de la part des parties, tel que le retrait de l'urne du nom d'un juré décédé, alors que ce décès est de notoriété publique ; — *Idem* d'un

---

(1) *Verdict,* mot anglais habituellement employé pour désigner la déclaration du jury, et dérivant du latin : *Verum dictum.*

juré ayant été témoin ou expert dans l'affaire. — Que si des conclusions sont prises, ce n'est plus au président seul, mais à la Cour, qu'il appartient de statuer.

**127.** Quoi qu'il en soit, toutes les décisions relatives au tirage du jury de jugement devant, comme cette opération elle-même, avoir lieu avant l'ouverture de l'audience (C. I. 399), peuvent n'être pas rendues publiquement.

**128.** *Récusations de complaisance.* — Il s'est établi, dans la plupart des Cours d'assises, un usage peu d'accord avec la dignité de la justice, et que, dès lors, je ne dois pas, ce me semble, passer sous silence. Fréquemment des jurés, cédant aux exigences de leurs occupations personnelles, ou même d'empêchements moins sérieux, sollicitent et obtiennent des défenseurs des récusations de complaisance. A la vérité, ces actes de condescendance ne se produisent guère que dans les affaires peu importantes, et les avocats se réservent généralement l'entier exercice de leur droit, lorsque l'accusation portée présente de la gravité. Il n'en est pas moins certain que ces récusations de surcroît ont pour effet d'imposer à d'autres jurés les charges du service, comme de donner parfois aux accusés des juges plus sévères ou plus indulgents. La mission que remplissent les jurés est trop élevée pour qu'il soit convenable de corriger le sort que la loi a voulu y mêler. Il est consciencieux et digne d'accepter, sans préoccupation aucune, le résultat du tirage, quel qu'il soit. Les officiers du ministère public doivent, moins encore que les défenseurs, se prêter à ces récusations insolites, tout au plus le dernier jour de la session, et lorsque les affaires à juger n'offrent pas de difficultés, les uns et les autres peuvent-ils consentir à récuser des jurés auxquels l'éloignement de leur demeure, fait désirer un prompt départ.

**129**. *Parenté ou alliance des jurés, entre eux, etc.* — Il peut arriver que le résultat du tirage amène dans le jury de jugement des jurés qui sont, à un degré prohibé par la loi concernant les juges (L. 20 avril 1810, art. 63), c'est-à-dire au troisième degré (oncle et neveu), parents ou alliés, soit entre eux, soit avec un membre de la Cour, soit avec un témoin ou expert, soit avec la partie civile, soit même, ce qui est très-rare, avec l'accusé ou le prévenu.

Ce lien de la parenté ou de l'alliance n'établit nulle incompatibilité, et ne forme aucun obstacle à ce que le juré ou les jurés connaissent de l'affaire à l'occasion de laquelle ce lien vient à se produire.

Ainsi, des jurés, *parents ou alliés* au degré de père ou de fils ou de gendre, de frères, beaux-frères, à plus forte raison d'oncle et neveu, peuvent légalement faire partie du même jury de jugement. De plus, chacune de leurs voix doit être comptée ; la règle qui prescrit de confondre en un seul les suffrages des magistrats parents à un certain degré, et siégeant ensemble, lorsqu'ils embrassent la même opinion, ne leur est pas applicable.

Il y a en effet, des différences bien tranchées entre la position des jurés et celle des juges. L'accusé et la partie publique ont à leur disposition la récusation péremptoire pour écarter certains jurés parents ou alliés dont ils redoutent la prépondérance; cette ressource n'existe pas à l'égard des magistrats. Ensuite, les juges parents, placés dans la même chambre, ne peuvent y rester moins d'une année ; ils s'y retrouvent aussi souvent que le service les appelle à siéger ; cette fréquentation laisse toute liberté de se développer aux influences qui peuvent résulter de la parenté. Entre jurés, au contraire, la session qui les retient n'a qu'une durée limitée, de moins de neuf jours en moyenne, et durant ce temps, il est bien rare que le sort, qui les réunit dans le même jury de jugement, reproduise ce rapprochement au cours de la même session.

**130.** Un lien quelconque de parenté ou d'alliance entre un juré et un *membre de la Cour d'assises* ne les empêche pas davantage de concourir au jugement de la même affaire.

**131.** Il a été aussi décidé que la parenté d'un juré avec les *témoins* de l'affaire n'était pas au nombre des causes d'incompatibilité ou d'incapacité établies par la loi ; qu'en effet, d'après les principes du droit commun, en les supposant applicables à la procédure par jurés, c'était la parenté du juge avec la partie qui, seule, pouvait former un motif de récusation.

Ces décisions sont également fondées en raison. Les jurés et les juges ne sont point appelés à remplir le même office ; encore moins à délibérer ensemble ; les uns connaissent du fait, les autres appliquent le droit ; le lien de la parenté qui unit certains d'entre eux ne peut donc avoir une influence qui soit à redouter pour personne.

Entre les jurés et les témoins, la séparation est

encore plus entière ; de leur parenté ou alliance ne saurait non plus résulter un empêchement à prendre en considération.

**132.** J'en n'en dirai pas autant de la parenté ou alliance avec l'*accusé*, malgré tout mon respect pour la jurisprudence de la Cour suprême, qui, depuis longtemps, décide que « la loi, n'a point établi, comme incapacité d'être juré, la parenté ou l'alliance avec l'accusé. »

Je pense, au contraire, me décidant par analogie, que le juré, parent, etc., a en lui, non pas seulement motif de récusation, mais cause d'incapacité. Cette analogie, je la tire de l'art. 392 du Code. En édictant cet article, le législateur a trouvé que, dans certains cas, la récusation péremptoire n'était pas, pour l'accusé, une garantie suffisante, et, en outre, il a établi des catégories d'incapacités, lesquelles ont pour unique motif la position des jurés relativement à l'affaire ou à l'accusé : celle d'officier de police judiciaire, — de témoin, — d'interprète, — d'expert, — *de partie civile*, etc. (V. plus haut n° 107). Certes, la position d'un juré *parent* ou *allié*, à un certain degré, de l'accusé, doit faire suspecter son indépendance plus encore que celle de ces divers citoyens; et alors, pourquoi n'assimilerait-on pas deux situations si ressemblantes, surtout lorsque les principes de la morale et du droit se réunissent à cet égard ?

Donc, à mes yeux, un parent ou allié de l'accusé est radicalement incapable de faire partie du jury de jugement. Cette incapacité admise, comme il lui faudrait nécessairement une limite, on emprunterait à l'art. 378 du Code de procédure le degré auquel devrait s'arrêter l'interdiction de siéger; celui de cousin germain inclusivement.

Enfin, si la parenté ou l'alliance semblait ne pouvoir être admise comme cause d'incapacité, au moins devrait-on y trouver un motif suffisant d'*excuse*, et dispenser, à ce titre, le juré de statuer sur le sort de son proche parent ou allié.

---

## CHAPITRE VII.

### LES DÉBATS.

**133**. *Le jury prend séance.* — Les jurés de jugement se rendent à la salle d'audience, où ils se placent, dans l'ordre résultant de la liste du tirage (que lit un des huissiers audienciers), sur des siéges séparés du public, des parties et des témoins, disposés sur deux rangs en face du banc des accusés (C. I. 309), et du côté du fauteuil du ministère public. Le chef du jury occupe ordinairement, dans le rang le plus élevé, le siége le plus voisin de la Cour. Les jurés suppléants, lorsqu'il y en a, se mettent après les titulaires.

**134**. *Publicité.* — La Cour prend séance, et le président ordonne, s'il y a lieu, d'ouvrir les portes de l'auditoire, la publicité de l'audience étant indispensable dès cet instant. C'est une maxime d'ordre public en matière criminelle et l'on ne peut déroger aux principes sur ce point, que par un arrêt spécial et pour le cas indiqué plus bas, n° 142.

Il n'y a pas d'atteinte à la publicité, par cela seul que l'affaire n'a commencé qu'au milieu de la nuit; — ou qu'à la suite d'un tumulte le président a fait évacuer une partie de l'auditoire, ou même en a fait fermer les portes assaillies par la populace.

Attitude des assistants (V. n° 179).

Force armée (V. n° 181).

**135.** L'accusé comparaît libre sur son banc en face du jury, seulement accompagné de gardes pour empêcher son évasion (C. I. 310). Son conseil se place devant lui, au banc des avocats.

L'accusé, s'il est légionnaire, ne peut paraître à l'audience avec sa décoration.

Interprète de l'accusé (V. n° 117). — Démence de l'accusé; renvoi (V. n° 176).

**136.** Pour constater son identité, le président lui demande ses noms, son âge, sa profession, sa demeure, le lieu de sa naissance (C. I. 310).

Il avertit son conseil qu'il ne peut rien dire contre sa conscience ou contre le respect dû aux lois, et qu'il doit s'exprimer avec décence et modération (C. Inst., art. 311).

**137.** L'accusé, à moins qu'il ne soit indisposé ou ne se sente troublé ou fatigué, doit se tenir debout pour répondre. Un usage constant et presque immémorial a imposé cette attitude respectueuse à toutes les personnes, témoins, défenseurs, parties, qui ont à s'expliquer devant la justice. L'officier du ministère public lui-même, quoique membre de la Cour, ne s'en dispense que lorsqu'il n'a absolument que quelques mots à prononcer.

Refus de répondre (V. n° 152).

**138.** Si, ce qui est excessivement rare, l'accusé détenu refusait de comparaître à l'audience, sommation d'obéir à justice lui serait faite au nom de la loi par un huissier commis par le président et assisté de la force publique. Procès-verbal de la sommation et de la réponse de l'accusé est dressé par l'huissier (L. 9 sept. 1835, art. 8).

Si l'accusé n'obtempérait pas, le président pourrait ordonner qu'il serait amené par la force, ou bien, après la lecture à l'audience du procès-verbal cidessus, qu'il serait passé outre aux débats en l'absence de l'accusé.

Après chaque audience, le greffier donne lecture du procès-verbal des débats aux accusés qui n'ont pas comparu ; et un huissier leur signifie copie des réquisitions du ministère public et des arrêts de la Cour, qui tous sont réputés contradictoires (*Id.* art. 9).

Enfin, si un accusé, par des clameurs, ou tout autre moyen propre à causer du tumulte, mettait obstacle au libre cours de la justice, la Cour pourrait le faire reconduire en prison et procéder comme aux deux articles précédents (Dite Loi, art. 10).

Famille de l'accusé ; le président peut refuser de la laisser placer au banc de la défense.

**139.** Après l'avertissement donné au conseil, le président adresse aux jurés, debout et découverts, le discours suivant (C. I. 312) :

« Vous jurez et promettez, devant Dieu et devant les hommes, d'examiner avec l'attention la plus scrupuleuse les charges qui seront portées contre N.....; de ne trahir ni les intérêts de l'accusé, ni ceux de la société qui l'accuse ; de ne communiquer avec personne jusqu'après votre déclaration ; de n'écouter ni la haine ou la méchanceté, ni la crainte ou l'affection ; de vous décider d'après les charges et les moyens de défense, suivant votre conscience et votre intime conviction, avec l'impartialité et la fermeté qui conviennent à un homme probe et libre. »

Chacun des jurés, appelés individuellement par le président, les suppléants compris, s'il y en a, répond, en levant la main droite : *Je le jure*, à peine de nullité (C. I. 312).

Le refus de prêter serment, de la part d'un juré, pourrait être considéré comme un refus de fonctions et entraîner sa condamnation à l'amende.

Le juré qui, au lieu de prêter serment, s'écrie : *Je jure d'absoudre*, doit être considéré comme refusant de juger et condamné à l'amende.

Celui qui écrit au procureur général qu'il doute que la société eût le pouvoir de prononcer la peine capitale, et qu'en conséquence il était résolu à admettre des circonstances atténuantes, peut être condamné à l'amende, comme exprimant un refus de fonctions.

Droit de rester couverts; respect dû aux jurés; leur attitude aux débats; interdiction de communiquer, etc. (Voy. chap. XI).

**140.** Le président avertit l'accusé d'être attentif à ce qu'il va entendre. Le greffier, de l'ordre de ce magistrat, se lève et lit à haute voix le résumé de l'arrêt de renvoi rendu par la Cour impériale et l'acte d'accusation dressé en conséquence par le procureur général (C. I. 313).

**141.** A ce moment, la *partie civile*, lorsqu'il y en a une ou son avocat (car elle n'est pas obligée de comparaître en personne), prend qualité et pose des conclusions à cet effet.

Un plaignant, entendu comme témoin, peut, avant la clôture des débats, se déclarer partie civile.

**142**. *Huis clos*. — C'est aussi à ce moment, et le cas y échéant, que le ministère public requiert que les débats aient lieu à huis clos, leur publicité étant jugée dangereuse pour l'ordre et les mœurs. — Le huis clos peut même être ordonné avant la lecture de l'acte d'accusation. — On n'interpelle pas l'accusé sur cette mesure. Le huis clos ne prend fin que pour le résumé du président (V. n° 185). Il est interrompu, et l'on ouvre momentanément les portes de l'auditoire pour le prononcé des arrêts, même sur de simples incidents, que la Cour se trouve appelée à rendre (L. 20 avril 1810, art. 7). — Après l'arrêt, le huis clos est repris. — Quant aux ordonnances rendues par le président, en vertu de son pouvoir discrétionnaire, elles sont prononcées sans que l'audience redevienne publique.

La mesure du huis clos n'est pas tellement rigoureuse que des parents de l'accusé, que les jurés étrangers à l'affaire, que des avocats en robe, que des fonctionnaires ou magistrats ne puissent, de l'autorisation du président, être admis dans l'enceinte.

Dans les affaires de viol et d'attentat à la pudeur, le président peut se concerter avec le procureur général pour que l'entrée de la salle soit interdite aux femmes et aux adolescents.

**143**. Après la lecture de l'acte d'accusation, le président rappelle à l'accusé le crime qui lui est reproché, et lui dit : « Voilà de quoi vous êtes accusé; vous allez entendre les charges qui seront produites contre vous (C. I. 315).

**144**. Le procureur général expose ensuite le sujet

de l'accusation (C. I. 315). Dans l'usage, la lecture de l'acte d'accusation tient lieu de cette formalité, dont l'omission n'entraîne aucune irrégularité; le ministère public n'ajoute un exposé à l'acte d'accusation que dans les affaires extrêmement compliquées, où l'attention du jury a besoin d'être appelée sur les points les plus essentiels.

Quelquefois, dans les affaires qui comprennent un grand nombre d'accusés et de chefs d'accusation, les présidents font distribuer au jury une liste imprimée, contenant l'indication des chefs d'accusation et de leurs circonstances en regard des noms des accusés qu'ils concernent.

**145.** De l'ordre du ministère public, le greffier lit ensuite, à haute voix, les noms des témoins produits par l'accusation, la partie civile, lorsqu'il y en a une, et l'accusé, et dont les listes sont présentées par le procureur général (C. I. 315).

Ces listes ne doivent contenir que les noms des témoins notifiés, vingt-quatre heures auparavant, à l'accusé par le procureur général et la partie civile, et au procureur général par l'accusé. Ce dernier et le procureur général ont le droit de s'opposer à l'audition du témoin non indiqué ou mal désigné dans l'acte de notification. La Cour statue tout de suite sur cette opposition (C. I. 315).

**146.** Les témoins qui ne répondent pas à l'appel et qui n'ont pas fait excuser leur absence sont condamnés à l'amende, s'il y a lieu (ceux de l'accusé comme les autres), par la Cour, sur les conclusions du procureur général (C. I. 355).

Ces témoins peuvent se présenter au cours des débats pour faire rabattre l'amende, si leur excuse est agréée par la Cour. — Ceux qui auraient allégué une excuse reconnue fausse, seraient passibles d'un emprisonnement de six jours à deux mois (C. pén., 236). —Jurés, médecins. V. nº 80.

**147.** Lorsque la déposition du témoin défaillant est essentielle à la manifestation de la vérité, la Cour, sur la demande du procureur général ou de l'accusé, et même d'office, peut renvoyer le procès à la prochaine session, pourvu qu'aucun témoin n'ait encore été entendu (C. I. 354).

**148.** Dans le cas de renvoi, les frais relatifs au jugement du procès sont mis à la charge du témoin défaillant, qui est, à ce sujet, passible de la contrainte par corps. L'arrêt qui renvoie ordonne, en outre, que le témoin sera amené par la force publique, devant la Cour, pour y être entendu (C. I. 355).

Le témoin condamné peut former opposition à l'arrêt.

**149.** Les témoins, leur appel terminé, se retirent dans leur chambre (si le local le permet, les témoins à charge sont séparés de ceux à décharge). Hors les intervalles pendant lesquels l'audience est suspendue, ils n'en sortent que pour déposer. Le président peut prendre des précautions pour les empêcher de conférer entre eux du délit et de l'accusé avant leur déposition (C. I. 316).

**150.** *Interrogatoire.* — Le président, lorsqu'il y a

plusieurs accusés, détermine celui qui doit être soumis le premier aux débats, en commençant par le principal accusé, s'il y en a un (C. I. 334). — «L'interrogatoire, dit Bentham, est l'instrument le plus efficace pour l'*extraction* de la vérité, de toute la vérité, de quelque côté qu'elle se trouve.—Sa propriété par excellence est d'éclaircir les doutes produits ou laissés par les autres preuves. Doué de cette force, il n'est pas moins favorable à l'innocence que redoutable au crime ; aussi est-il l'effroi du coupable et la confiance de celui qui ne l'est pas.»

La loi n'impose pas au président l'obligation d'interroger l'accusé ; elle lui en donne le droit, sans indiquer l'instant du débat où cette formalité doit avoir lieu (C. I. 327). Mais l'usage, fondé sur l'expérience, a rendu d'abord l'interrogatoire de l'accusé presque d'obligation, et l'a ensuite généralement fait placer au commencement des débats, et avant l'audition du premier témoin, sauf à le renouveler partiellement lorsque le cas l'exige.

Il y a, en effet, un grand avantage à commencer l'affaire par un interrogatoire rappelant, dans leur ordre le plus naturel, les principales circonstances du procès. Il n'est pas de meilleur moyen de faire passer en revue au jury les faits qui doivent surtout fixer son attention ; de lui faire connaître le système de défense de l'accusé et l'accusé lui-même.

L'interrogatoire contribue aussi à la plus prompte expédition de l'affaire. Si l'accusé fait des aveux qui paraissent sincères, ou renouvelle ceux qu'il a faits au cours de l'information, on n'a plus besoin de s'appesantir sur les circonstances que ces aveux concernent : les témoins peuvent être plus diligemment entendus et les plaidoiries singulièrement abrégées.

**151.** Quoi qu'il en soit, l'accusé qu'on interroge doit s'expliquer sans intermédiaire (autre que son interprète, s'il en a un). Il est interdit à son conseil de répondre pour lui et de lui suggérer aucun dire ou réponse (L. 28 mai 1836, art. 26).

S'il y a plusieurs accusés, le président peut en faire retirer un ou plusieurs pendant l'interrogatoire des autres, et même durant la déposition d'un témoin ; mais cet accusé rentré et interrogé à son tour, le président ne doit reprendre la suite du débat qu'après l'avoir instruit de ce qui s'est fait en son absence (C. I. 327).

Questions des jurés. V. n° 265.

**152.** Si l'accusé, et c'est son droit, refusait de répondre à tout ou partie des questions qui lui sont adressées, les débats n'en suivraient pas moins leur cours. Cet incident est, du reste, infiniment rare ; en de longues années, je ne l'ai vu se produire qu'une seule fois.

Refus de comparaître. V. n° 138.

**153.** *Dépositions des témoins.*— Les témoins sont ensuite entendus dans l'ordre établi par le procureur général. Ceux qui sont assignés à la requête de ce magistrat viennent les premiers ; puis ceux de la partie civile, enfin ceux de l'accusé (C. I. 321).

Pour être ouïs, ceux du procureur général et de l'accusé n'ont pas besoin d'avoir déposé dans l'instruction, ni même d'avoir reçu une assignation ; il suffit que leurs noms aient été notifiés, comme il a été dit plus haut, n° 93 (*Id.* art. 324).

Les témoins qui refusent (ce qui est extrêmement rare) de prêter serment ou de faire leur déposition, sont passibles de la même amende que ceux qui ne comparaissent pas (*Id.* art. 355). Il en est de même pour les condamnés qui refusent de déposer à titre de renseignements.

**154.** *Formule du serment.* — Avant de déposer, ils prêtent, à peine de nullité, le serment « de parler sans haine et sans crainte, de dire toute la vérité et rien que la vérité » (C. I. 317).

S'ils sont âgés de moins de quinze ans, le serment n'est pas obligatoire (*Id.* 79). Toutefois, on peut le leur faire prêter, si leur intelligence est reconnue suffisante.

Les personnes appelées en vertu du pouvoir discrétionnaire (V. nº 182) du président ne prêtent pas serment (C. I. 269). Il en est de même pour les condamnés à une peine les privant de la faculté de déposer comme témoin en justice (C. pén. art. 28, 34, 3°).

**155.** Le président demande aux témoins leurs noms, profession, etc.; s'ils sont parents, alliés ou domestiques de l'accusé ou de la partie civile. Après, ils déposent oralement, sans être interrompus, sans pouvoir s'interpeller entre eux (C. I. 317, 319, 325), sans que l'on puisse faire précéder la déposition d'un témoin de la lecture de sa déclaration écrite.

Le témoin ne peut pas même se servir de notes pour rappeler ses souvenirs ; cependant, avec l'autorisation du président, il pourrait donner lecture d'une lettre ; cette pièce n'est que relative à la déposition, elle n'est pas la déposition elle-même.

**156.** — Ne peuvent être entendus :

1° Les parents ou alliés de l'accusé jusqu'au

deuxième degré inclusivement; le mari ou la femme (C. I. 322).

La jurisprudence a établi que ces proches pouvaient néanmoins être entendus, à titre de renseignements, sans prestation de serment, en vertu du pouvoir discrétionnaire du président.

2° Les dénonciateurs pécuniairement récompensés (C. I. 322, 323);

3° La partie civile.

Toutefois, il n'y a pas nullité, si aucune opposition n'a été formée à la déposition de ces divers témoins.

**157.** On ne peut exiger une déclaration complète de certains témoins, que leur profession oblige au secret concernant les faits par eux recueillis à l'occasion de leurs fonctions; tels sont les médecins, chirurgiens, officiers de santé, pharmaciens, sages-femmes, avocats, avoués, confesseurs (C. pén. 378); les évêques qui ont agi comme supérieurs ecclésiastiques.

Les notaires ne rentrent dans cette catégorie que pour les faits qui leur ont été révélés sous le sceau du secret.

**158.** Des questions peuvent être adressées aux témoins, après leur déposition, par les juges, le ministère public et les jurés (V. n° 265), en demandant la parole au président; l'accusé, la partie civile et leurs conseils, par l'organe de ce magistrat (C. I. 319).

Les questions que le président trouve à propos d'adresser de son chef peuvent primer toutes les autres.

Le président, d'office ou sur les réquisitions des

parties, peut faire tenir note, par le greffier, des additions, changements ou variations qui pourraient exister entre la déposition d'un témoin et ses précédentes déclarations (C. I. 318).

Pendant ou après la déposition, les pièces à conviction sont représentées à l'accusé ou au témoin (C. I. 329), puis aux membres de la Cour et du jury qui le demandent.

En cas de faux, l'accusé est requis, s'il y a lieu, de former un corps d'écriture (C. I. 461).

**159.** Chaque témoin, après sa déposition, reste dans l'auditoire, à moins que le président ne lui ait (C. I. 320) permis, du consentement de l'accusé, du procureur général et du jury, de se retirer avant la fin des débats.

Les témoins peuvent, 1° être réentendus en l'absence de ceux qui ont déjà déposé; 2° être confrontés entre eux (C. I. 326).

**160.** Les déclarations de ceux qui sont absents ou non cités ne peuvent être lues qu'en vertu du pouvoir discrétionnaire (V. n° 182) du président. Il faut en excepter toutefois celles des témoins absents ou décédés, appelés dans le procès d'un accusé condamné auparavant par contumace; la lecture de ces dépositions est indispensable.

On doit aussi lire aux débats les déclarations de certains fonctionnaires dispensés, les préfets entre autres, de venir déposer à l'audience (C. I. 514-16; D. 4 mai 1812).

Si le témoin dont la déposition a été lue se présente, il doit être entendu sous la foi du serment.

**161.** La lecture des autres pièces de la procédure

est parfaitement licite; tels sont les interrogatoires des accusés présents; les procès-verbaux de constat d'une opération extrajudiciaire quelconque; les rapports d'experts; les consultations de médecins; une lettre missive adressée au procureur général sur l'accusé; un arrêt touchant la moralité de l'accusé. Il faudrait l'autorisation du président, en vertu de son pouvoir discrétionnaire, pour lire l'interrogatoire d'un accusé *décédé;* — ou des lettres missives d'un fils à son père.

**162.** La Cour d'assises n'est pas obligée d'entendre tous les témoins produits, si le procureur général et l'accusé renoncent à l'audition de certains de ceux qu'ils ont appelés. Mais une des parties peut réclamer l'audition des témoins assignés par son adversaire.

**163.** *Faux témoin.* — Lorsque la déposition d'un témoin paraît fausse, le président peut, sur la réquisition du ministère public, de l'accusé, de la partie civile, ou même d'office, ordonner l'arrestation de ce témoin (C. I. 330). Dans ce cas, les mêmes parties peuvent requérir et la Cour ordonner, même d'office, le renvoi de l'affaire à la prochaine session (*Id.* 331).

**164.** *Interprète.* — Aux témoins qui n'entendent ou ne parlent pas le français, il est nommé un interprète (*Id.* 332, 333). Une femme peut remplir cet office. — Incompatibilités (V. n° 117).

Sourds-muets, V. *ibid.*

**165.** *Experts.* — Lorsqu'il paraît utile de faire examiner par des experts une pièce nouvellement produite, ou tel objet ou pièce déjà expertisé, par exemple un corps d'écriture par des maîtres écrivains; des armes ou projectiles ou leurs traces par des arquebusiers; des substances vénéneuses (ou empoisonnées), ou présumées telles, par des chimistes; des blessures ou contusions par des chirurgiens, etc., le président choisit les hommes de l'art le plus propres à se charger de cette mission, et la leur confie sous la foi du serment prescrit par l'art. 44 du Code. — Ces experts reviennent ensuite à l'audience y faire leur rapport. Ceux qui ont opéré au cours de l'information déposent comme les autres témoins. S'ils recommencent ou complètent leurs premières opérations, ils prêtent les deux serments, celui de témoin et celui d'expert.

Ces expertises peuvent aussi, surtout en cas de contestation, être ordonnées par la Cour et confiées à des personnes étrangères aux débats.

**166**. Pendant les débats, les jurés, le ministère public, les juges peuvent prendre note de ce qui leur paraît important, soit dans les témoignages, soit dans l'interrogatoire, pourvu que la discussion n'en soit pas interrompue (C. I. 328) : la même faculté appartient à l'accusé.

Lorsqu'il y a plusieurs accusés ou plusieurs chefs d'accusation, les jurés font sagement de tenir note des principales circonstances concernant chaque accusé et chaque crime distinct, pour éviter toute confusion dans la délibération et le vote.

Manifestations d'opinion des jurés, V. n° 259;

Communications, V. n°s 260-63 ;

Droit d'examen des jurés; Questions aux témoins, etc.; Discussions scientifiques (V. n° 266).

**167.** *Plaidoiries.* — Lorsque la liste des témoins est épuisée et que personne n'a plus de questions à adresser, de vérifications à réclamer, les plaidoiries commencent.

L'avocat de la partie civile, s'il y en a une, est entendu le premier; puis l'officier du ministère public; puis le conseil de l'accusé et l'accusé lui-même, s'il veut se défendre en personne. — La partie civile et le ministère public peuvent répliquer, mais l'accusé et son conseil, quel que soit le nombre des répliques, ont toujours la parole les derniers (C. I. 335).

La loi n'a pas tracé de règles sur la forme et la durée des plaidoiries : les magistrats, les avocats qui les prononcent, n'ont qu'à suivre les inspirations de leur conscience et de leur talent.

Cependant, ces discours ne sauraient être étendus, encore moins renouvelés outre mesure, et il appartient au président, à plus forte raison à la Cour, d'y mettre un terme, lorsque l'accusation et la défense ont reçu des développements suffisants; lorsque, surtout, les jurés viennent à déclarer qu'il sont suffisamment éclairés.

**168.** *Discipline ; délits d'audience.* — L'accusé et son conseil ont le droit de dire tout ce qui peut être utile à la défense; ils peuvent produire des avis, des certificats, des consultations de médecins à son appui.

Mais, malgré toute la latitude qui leur doit être laissée, ils ne peuvent énoncer des faits, prononcer des paroles qui seraient une atteinte à la morale ou à la loi, et lors même que cette partie de la défense serait présentée comme une opinion personnelle. Après avoir averti l'accusé ou son conseil à cet égard, le président pourrait leur ôter la parole en cas de récidive. La Cour peut faire plus : c'est-à dire user des pouvoirs disciplinaires que lui confère la loi concernant les officiers ministériels et les avocats ; et à l'égard de l'accusé, si ses discours constituaient un délit de parole ou une provocation à un délit, le condamner, séance tenante, aux peines portées par la loi.

C'est, en effet, un droit et même un devoir pour la Cour de statuer, séance tenante, sur les délits (C. I. 181) et même sur les crimes (*Id.* 507) qui viendraient à se commettre à son audience. Dans ces cas exceptionnels, heureusement fort rares, elle juge sans l'assistance du jury, prononçant à la fois, sur le fait et sur le droit. L'arrêt, sur cet incident, rendu, les débats de l'affaire commencée sont repris.

**169.** Quoi qu'il en soit, si le conseil, par suite d'un empêchement ou d'une indisposition subite, ne pouvait prononcer ou continuer sa plaidoirie, le président devrait, à l'instant, nommer un autre défenseur à l'accusé, à moins que ce dernier ne fît ce choix lui-même. Jusques après le prononcé de l'arrêt, aucun accusé ne peut demeurer sans conseil (V. cependant n° 297). C'est là un des côtés par lesquels notre procédure criminelle se distingue si fort de celle qui était suivie avant la révolution de 1789, et qui généralement refusait aux accusés l'assistance d'un conseil (V. n° 3).

**170.** *Divulgation de la peine.* — Maintenant l'avocat peut-il faire connaître aux jurés la peine que leur déclaration devra entraîner contre l'accusé, et la parole, sur ce point, pourrait-elle lui être retirée?

Il est certain que la loi défend tout éclaircissement de ce genre, puisque l'art. 342 dispose textuellement (V. n° 205) : « Que les jurés manquent à leur premier devoir, lorsque, pensant aux dispositions des lois pénales, ils considèrent les suites que pourra avoir, par rapport à l'accusé, la déclaration qu'ils ont à faire, etc. » Il est également certain que ces principes ont été maintenus par la jurisprudence. Cependant il est bien difficile de les appliquer dans toute leur rigueur. Ce serait exiger des jurés de former machinalement leur jugement ; de chasser de leur esprit, comme un objet importun, toute réflexion sur les conséquences probables de leur verdict. On a justement fait observer qu'il valait bien mieux, dans l'intérêt de l'accusation, comme dans celui de la défense, que la lumière se fît. L'incertitude du jury, sur la peine encourue, peut amener, lorsqu'il la croit plus sévère, un acquittement regrettable ; lorsqu'il la croit plus douce, une condamnation en partie imméritée. Du reste, les explications relatives à la peine n'entraînent aucune nullité de la procédure, et ne sauraient, si elles émanent du conseil, donner lieu qu'à une injonction du président à qui appartient la police de l'audience. — D'un autre côté, ce magistrat peut, dans son résumé (n° 186), rectifier ce qui a été dit par le conseil relativement à la peine encourue.

Demandes de la défense ou de l'accusé, sanction (n° 231).

Omnipotence du jury (V. n° 267).

**171.** *Suspensions d'audience.* — Les débats, une fois entamés, doivent être continués sans interruption et sans aucune espèce de communication au dehors, jusques après la déclaration du jury inclusivement. Le président ne peut les suspendre que pendant les intervalles nécessaires pour le repos des juges, des jurés, des témoins et des accusés (C. I. 353). — Ce magistrat a des pouvoirs suffisants pour proportionner la durée de cette suspension aux fatigues qu'entraîne l'affaire. Ainsi, il peut remettre la continuation des débats de la veille au lendemain, et même du samedi soir au lundi matin, surtout lorsqu'ils se prolongent durant plusieurs jours. Il peut, enfin, les suspendre pendant plusieurs heures, pour donner le temps d'arriver à des personnes appelées en vertu de son pouvoir discrétionnaire ; ou pour faire rechercher un témoin à décharge assigné sur la demande de l'accusé ; le tout pourvu que le jury, dans l'intervalle, n'ait pas vaqué à l'expédition d'une autre affaire.

**172.** *Vérifications extérieures.* — L'instruction des affaires se suit dans la salle d'audience ; toutefois, il n'est pas interdit à la Cour de se transporter hors de cette salle pour procéder à des vérifications jugées utiles à la manifestation de la vérité, telles que l'examen d'un local, théâtre du crime, ou d'objets dont l'apport dans l'auditoire serait impossible ou trop difficile. La Cour, bien entendu, doit être accompagnée du jury, de l'accusé et de son conseil, et procéder publiquement. — Transport des jurés seuls (V. n° 262 à la fin).

**173.** *Retraite d'un juré avant le verdict.* — Les peines portées contre les jurés qui ne se présentent pas (V. n° 78) sont applicables à tous ceux qui, même s'étant rendus à leur poste, se retireraient avant l'expiration de leurs fonctions, sans excuse reconnue valable par la Cour (C. I. 398).

On conçoit combien doit être sérieuse la cause pouvant faire admettre l'abstention d'un juré quand une affaire est commencée; incident qui, lorsqu'il n'y a pas de juré suppléant pour le remplacer, devrait faire renvoyer les débats à la session suivante, prolonger la détention et les angoisses de l'accusé et occasionner de nouveaux frais, quelquefois très-considérables.

La nomination d'un juré pendant les débats à des fonctions publiques ne l'autoriserait pas à se retirer avant le prononcé de l'arrêt (loi du 13 germinal an v).

**174.** Un juré serait encore passible de l'amende portée par la loi si, présent à son poste, il s'était volontairement mis dans un état (par exemple l'ivresse) qui ne lui permît pas d'occuper sa place et de remplir ses fonctions.

Il en devrait être de même à l'égard d'un juré qui, dans le but de se soustraire à ses fonctions, aurait, pendant les débats, manifesté son opinion sur l'affaire. — Enfin, ces jurés pourraient, suivant la gravité des circonstances, être condamnés aux frais occasionnés par la remise du procès à une autre session.

**175.** *Jours fériés.* — Les Cours d'assises peuvent siéger tous les jours indistinctement, même les dimanches et fêtes, les affaires criminelles pouvant être expédiées les jours fériés (L. 17 therm. an VI, art. 2).

**176.** *Renvoi de l'affaire.* — Malgré l'obligation impérieuse de procéder sans interruption lorsque les débats sont commencés, la Cour d'assises peut renvoyer l'affaire à la session suivante, lorsqu'un *événe-*

*ment* se produit qui est de nature à motiver ce renvoi (C. I. 406).

Cette faculté est distincte de celle que le président seul peut exercer (V. n° 91) avant la formation du jury de jugement et de celle qui appartient à la Cour entière (V. n° 147), tant que le premier témoin de l'affaire n'a pas été entendu à l'audience.

Il faut que cet *événement* présente une circonstance imprévue et extraordinaire, s'opposant à ce que le verdict puisse être rendu avec une entière impartialité ou bien en pleine connaissance de cause.

Ce renvoi doit être ordonné par la Cour, et non par le président seul.

Si l'un des juges tombe malade au cours d'une affaire, il n'y a pas lieu à renvoi; un autre juge est appelé et les débats sont recommencés en présence des mêmes jurés.

**177.** Il n'est pas absolument indispensable, quand il y a lieu à renvoi de l'affaire, de porter ce renvoi à la session suivante; on peut indiquer un jour de la session courante, si le délai est suffisant pour l'accomplissement des formalités et des opérations qui motivent la mesure, et pourvu que l'accusé consente formellement à cette fixation.

**178.** Il est bien entendu que ce renvoi, comme celui à une autre session, emporte l'annulation du jury de jugement et le tirage d'un nouveau, quoique sur la même liste; il est de principe absolu que la formation du tableau et les débats sont indivisibles, et que l'on ne peut les maintenir ou les annuler que tous ensemble.

**179.** *Pouvoirs spéciaux du président.* I. *Police de l'audience.*— La loi a assigné au président des assises un rôle bien important dans les débats: outre les fonctions que j'ai déjà rappelées en esquissant la marche de l'instruction d'une affaire à l'audience, outre ses rapports avec le jury, dont il sera question plus bas, ce magistrat est chargé personnellement de présider à toute l'instruction et de déterminer l'ordre entre ceux qui demandent à parler (C. I. 267). — Avis aux jurés, V. n° 204.

Il a la police de l'audience (C. I. 267).

Ceux qui assistent aux audiences doivent se tenir découverts, dans le respect et le silence: tout ce que le président ordonne pour le maintien de l'ordre est exécuté ponctuellement et à l'instant (C. pr. civ. 88).

Si un ou plusieurs individus, quels qu'ils soient, interrompent le silence, donnent des signes d'approbation ou d'improbation à la défense des parties, aux discours des magistrats, aux avertissements ou ordres du président, etc., ou causent du tumulte, de quelque manière que ce soit, et si, après l'avertissement des huissiers, ils ne rentrent pas dans l'ordre sur-le-champ, il leur est enjoint de se retirer, et les résistants sont saisis et déposés à la maison d'arrêt pour vingt-quatre heures (*Id.* 89; C. I. 504). Si le tumulte a été accompagné d'injures ou de voies de fait, les délinquants peuvent être jugés séance tenante par la Cour (C. I. 505).

Famille de l'accusé, V. n° 138, à la fin.

**180.** *Places réservées.* — L'autorité du président, touchant la police de l'audience, s'étend, par voie de conséquence, à la distribution des places de la salle et de l'enceinte réservée entre les personnes qui ont une part aux débats et celles qu'il juge convenable d'admettre, même avec des billets délivrés d'avance.

De là, et par suite d'une tolérance mal entendue et irréfléchie, un abus, qui méritait d'être réprimé et qui devra disparaître, s'était introduit dans les salles d'assises. Lors des affaires les plus graves, et qui, par cela même, semblaient promettre le poignant intérêt du drame, « des personnes étrangères aux habitudes judiciaires, avides d'*émotions*, et cherchant, avant tout, à satisfaire leur *curiosité*, » étaient admises et, en nombre, près des siéges de la Cour. C'était, par un grand dommage à la dignité de la justice, transformer en spectacle l'austère enceinte où se rendent ses arrêts. Cet usage a été signalé à la sévérité des magistrats par M. le garde des sceaux, qui a recommandé « de n'introduire dans le prétoire destiné aux juges, aux jurés, aux membres du barreau et aux témoins, que les personnes auxquelles les fonctions qu'elles exercent et leur position doivent assigner une place à part. »

. . . . . . . . . . . . . . . .

**181**. *Huissiers ; — Force armée.* — L'exécution des mesures prescrites par le président est confiée aux huissiers (V. n° 73), et au besoin assurée par la force armée de service à la Cour d'assises.

**182**. II. *Pouvoir discrétionnaire.* — Le président est investi d'un *pouvoir discrétionnaire*, en vertu duquel il peut prendre sur lui tout ce qu'il croit utile pour découvrir la vérité ; et la loi charge son honneur et sa conscience d'employer tous ses efforts pour en favoriser la manifestation (C. I. 268).

Il peut, dans le cours des débats, appeler même par mandat d'amener, et entendre toutes personnes, ou se faire apporter toutes nouvelles pièces qui lui paraîtraient, d'après les nouveaux développements donnés à l'audience, soit par les accusés, soit par les témoins, pouvoir répandre un jour utile sur le fait contesté (C. I. 269).

Il doit rejeter tout ce qui tendrait à prolonger les débats, sans donner lieu d'espérer plus de certitude dans les résultats (C. I. 270).

**183.** L'exercice du pouvoir discrétionnaire est entièrement facultatif. Il se manifeste sans contrôle ni partage; le ministère public ni l'accusé n'ont, à cet égard, aucun droit de réquisition. Dans les décisions qu'il prend en vertu de ce pouvoir, le président n'a aucun compte à rendre à qui que ce soit. Toutefois, si les parties ne peuvent requérir l'exercice du pouvoir discrétionnaire, il leur est loisible de provoquer, sous forme de simples observations, les mesures qui leur semblent utiles; ces indications laissent au président toute son autorité, toute sa liberté d'action, et le vœu de la loi se trouve rempli.

Enfin, les ordonnances rendues en vertu de ce pouvoir n'ont pas besoin d'être rédigées, et elles peuvent être laissées sans exécution, de la seule volonté du président.

**184.** *Fonctions du ministère public.* — L'officier du ministère public n'est pas, aux débats, investi d'une autorité proprement dite; il a à remplir une mission, celle de soutenir l'accusation portée, suivant, bien entendu, les inspirations de sa conscience et de sa loyale conviction, et de veiller à l'observation de la loi. Ainsi, il fait, au nom de la loi, toutes les réquisitions qu'il juge utiles; la Cour est tenue de lui en donner acte et d'en délibérer (C. I. 276), sauf à les rejeter lorsqu'elles ne lui paraissent pas justifiées.

Le ministère public doit assister aux débats, requérir l'application de la peine, être présent à la prononciation de l'arrêt (*Id.* 273). Mais il n'est pas indispensable que ce soit le même magistrat qui, pendant toute la durée d'une affaire, occupe le fauteuil du ministère public. Il suffit que l'officier du parquet qui siége ait qualité à cet égard.

---

## CHAPITRE VIII.

### RÉSUMÉ DU PRÉSIDENT ; POSITION DES QUESTIONS ; AVERTISSEMENT AU JURY.

**185.** *Résumé.*—Lorsque les plaidoiries sont finies, le président demande à l'accusé s'il a quelque chose à ajouter à sa défense ; puis, si l'accusé répond négativement, il déclare que les débats sont terminés et prononce son résumé (C. I. 335, 336). Auparavant, si le huis-clos avait été ordonné, les portes sont rouvertes. V. n° 187.

**186.** Le résumé du président n'est pas, seulement, comme on le croit, en général, l'analyse des plaidoiries, la reproduction abrégée des moyens qu'ont fait valoir le ministère public et le défenseur ; c'est un acte plus élevé et plus indépendant. Le Code porte, en effet, article 336 : « Le président résumera l'*affaire*. —Il fera *remarquer* aux jurés les principales *preuves* pour ou contre l'accusé. » — C'est donc l'*affaire*, le débat tout entier que le résumé doit embrasser. Et de l'affaire ce magistrat, sous l'inspiration de sa conscience, extrait les faits, les raisons qui, à ses yeux, sont des *preuves* et peuvent aider réellement le jury à former sa déclaration ; chemin faisant, il fait plus : il redresse et complète, au besoin, les plaidoiries. Si une charge essentielle de l'accusation, si un moyen légitime de défense a été omis, si une erreur matérielle a été commise, si des théories hasardées ou des principes erronés ont été mis en avant, il répare l'omission, corrige l'erreur, rectifie les théories, rétablit les principes, avec l'autorité, l'expérience, la loyauté, l'humanité d'un véritable président des assises.

**187.** La question de la convenance du résumé a été fréquemment débattue ; ce n'est pas ici le lieu de la discuter ; je ferai seulement observer que le résumé du président a été établi, dès 1791, avec le jury, et constamment maintenu depuis cette époque ; j'ajoute que cette allocution est digne de l'attention particulière des jurés. Le résumé, en effet, prend le procès au point où l'a laissé le débat ; tient compte des modifications importantes ; le dégage des détails inutiles, des circonstances contestées, et le réduit, en quelque sorte, aux seules difficultés à décider. — Un résumé fidèle, complet, clair et concis, peut être d'un grand secours au jury pour la solution des questions posées. Le décret du 29 septembre 1791 déterminait parfaitement le but et le caractère de cet acte : « Le résumé du président est destiné à éclairer le juré, à fixer son attention, à guider son jugement ; mais il ne doit pas gêner sa liberté. Les jurés doivent au juge respect et déférence ; ils doivent lui obéir en tout ce qui ne concerne que la police de l'audience ; mais ils ne lui doivent point le sacrifice de leur opinion, dont ils ne sont comptables qu'à leur propre conscience. »

**188.** Quoi qu'il en soit, le résumé est le complément nécessaire de l'accusation et de la défense, et son omission produirait une nullité radicale.

La loi n'autorise aucune réclamation, ni aucune

conclusion contre le résumé; elle n'en a soumis l'impartialité et l'exactitude qu'au jugement de la propre conscience du magistrat auquel elle a confié cet acte important. Ce n'est que dans le cas où le président, dans son résumé, aurait présenté des faits nouveaux ou des pièces nouvelles, que l'accusé et le ministère public seraient fondés à demander à être entendus et à faire rouvrir les débats sur ces faits ou pièces, sur lesquels ils n'auraient pas été en position de présenter leurs moyens.

**189.** *Questions au jury.* — Le président donne ensuite lecture au jury, en présence de l'accusé (V. n° 198), des questions que la loi le charge de poser, d'après le résumé de l'acte d'accusation, pour mieux dire, d'après le résumé de l'arrêt de renvoi.

**190.** Les questions s'appliquent d'abord au *fait principal*, constitutif du crime reproché à l'accusé. — Elles commencent par la formule: Un tel est-il *coupable* d'avoir, etc.? C'est la moralité d'un fait et non sa simple matérialité qui le constitue crime ou délit, et le mot *coupable* est une expression qui comprend à la fois la moralité en même temps que la matérialité de l'action imputée à crime.

Les questions s'appliquent ensuite aux circonstances qui peuvent aggraver la criminalité, et, partant, la peine encourue (C. I. 337).

Elles comprennent encore les faits d'*excuse légale* que l'accusé allègue pour sa défense. — Au nombre des excuses légales, ne se trouve pas l'*ivresse*.

Il doit être posé autant de questions qu'il y a de faits principaux excusables.

Les questions portent encore sur le *discernement*

de l'accusé, lorsque celui-ci n'a pas seize ans accomplis (C. I. 340). Cette minorité particulière change fréquemment le crime en délit ; en cas de condamnation, elle fait substituer à une peine afflictive ou infamante une peine correctionnelle (C. pén. 67).

Le jury est interrogé sur le discernement, autant de fois qu'il y a de faits principaux.

**191.** On ne fait pas figurer dans les questions certains faits justificatifs, tels que ceux qui constituent les exceptions de *force majeure*, ayant contraint au crime ; — de *démence* de l'accusé au moment de l'action (C. pén. 64); de *légitime défense* (C. pén. 328). La raison en est que le jury est nécessairement appelé à les apprécier, suivant les circonstances, dans ses réponses, et en s'occupant de la culpabilité de l'accusé. En effet, si le jury reconnaît que l'accusé a cédé à une force irrésistible, dite *force majeure*, — ou qu'il était en état *de démence*, — ou en état de *légitime défense*, — ces divers cas étant exclusifs de toute culpabilité, il n'y a plus à donner qu'une réponse négative sur le fait principal.

**192.** *Questions résultant des débats ou subsidiaires.* — Lorsque les débats ont modifié le crime, objet de l'accusation, le président ajoute aux questions tirées de l'arrêt de renvoi celles qui résultent du débat, qu'elles aient pour effet d'aggraver le crime (C. I. 338), ou de l'atténuer, ou même de le convertir en un simple délit (*Id.* 365). Le jury doit prononcer sur l'affaire avec les modifications survenues à l'audience.

Ainsi, pour les circonstances aggravantes, le président peut ajouter aux questions relatives à un vol, une question concernant, par exemple, l'emploi des fausses clefs, bien que la chambre d'accusation eût écarté cette circonstance comme insuffisamment établie;

Ainsi, sur le fait principal, après la question relative à un *crime consommé*, quel qu'il soit, il peut poser une question ayant pour objet la *tentative* de ce crime;

Après la question présentant l'accusé comme *auteur* du crime, une autre question le présentant seulement comme *complice*, soit par provocation, soit par recélé (C. pén. 60, 62);

A propos d'une accusation d'*infanticide*, après la question concernant le meurtre d'un enfant nouveau-né, le président peut poser une question d'*homicide involontaire* touchant le même enfant (C. pén. 300, 319);

Après la question relative à un *meurtre* (C. pén. 295), celle de coups et blessures volontaires ayant occasionné la mort (*Id.* 309); celle d'homicide involontaire;

Après la question concernant un *viol* (C. pén. 332) consommé ou tenté, celle d'attentat à la pudeur consommé ou tenté avec violence (*Ibid.*);

Après la question touchant un *attentat à la pudeur* avec violence, celle d'outrage public à la pudeur (C. pén. 330);

Après la question relative à un *banqueroute frauduleuse*, des questions concernant la banqueroute simple (C. pén. 402; C. comm. 591, 585, 586).

**193.** Ces questions *subsidiaires* sont indiquées sur la feuille du verdict ou déclaration (V. n° 201), par ces mots : *Questions résultant des débats*, sans être obligé de spécifier la partie des débats d'où elles sont tirées. Mais il est indispensable, pour qu'elles puissent être posées, que le crime ou le délit nouveau, non compris dans l'arrêt de renvoi, qu'elles soumettent à la décision du jury, soit de la même nature que le fait primitif, objet de l'accusation, et se constitue d'éléments semblables, bien que se présentant sous un autre aspect. C'est ce qui arrive pour les crimes et les délits cités plus haut comme exemples; les éléments sont semblables : le délit ne se distingue du crime que par la différence de l'intention ou même l'absence de volonté.

**194.** Les *circonstances atténuantes* ne font pas l'objet d'une question à porter sur la feuille du verdict : c'est le chef du jury qui, lorsque l'accusé est déclaré coupable, pose verbalement la question aux jurés dans la chambre des délibérations (V. n° 222).

**195.** *Complexité.* — Il ne doit être posé au jury aucune question complexe, c'est-à-dire comprenant deux ou plusieurs faits, — ou circonstances aggravantes — ou accusés distincts, dont chacun doit donner lieu à une réponse séparée (V. n° 211).

Cette sage prohibition a levé les difficultés qu'éprouvait souvent le jury dans la rédaction des réponses complexes, et a fait cesser les obscurités qui venaient en résulter. Ainsi, à propos d'une accusation de vol, le jury pouvait être interrogé, par la même question, sur le vol proprement dit, fait principal, et sur une ou plusieurs des circonstances aggravantes qui venaient s'y rattacher. Quand la majorité était acquise sur l'ensemble de la question, tout comme lorsqu'une minorité suffisante se déclarait pour l'acquittement, pas de difficulté : un simple *oui* ou un simple *non* constituait une réponse satisfaisante ; mais, et cela arrivait souvent, si le jury se divisait sur les éléments divers de la question : le fait principal lui paraissant établi, et les circonstances aggravantes insuffisamment prouvées : des distinctions devenaient indispensables ; on était obligé d'indiquer soigneusement dans la réponse, et les faits admis par la majorité et ceux qu'elle avait rejetés ; un simple oubli, un vice de rédaction, échappé à l'attention la plus soutenue, pouvait amener alors l'annulation, par la Cour suprême, de la déclaration du jury et, par suite, des débats de l'affaire, qu'il fallait juger de nouveau.

Cet état de choses a été sagement modifié par une loi de 1836, qui a défendu les questions complexes. Cette loi n'a pas poussé la division des questions jusqu'au point extrême du Code de brumaire an IV (art. 374 et 375) ; se tenant dans une juste mesure, le législateur de 1836 s'est contenté de prescrire d'isoler le fait et chacune des circonstances.

Ainsi posées, les questions se résolvent régulièrement par un *oui à la majorité*, ou un simple *non*, lors du vote.

**196.** Il y a aussi les questions dites *alternatives*, qui sont régulièrement posées, bien que complexes en réalité, et qui ne doivent être l'objet que d'une seule réponse. Telles sont les questions concernant : — la fausse monnaie, commise par contrefaction *ou* altération de monnaie (Cod. pén. 132) ; — l'attentat à la pudeur, consommé *ou* tenté (*Id.* 331, 332) ; — l'extorsion de billets ou de titres, commise par force, violence *ou* contrainte (*Id.* 400).

Ces éléments divers constituant le crime à un degré égal, il suffit que le jury en admette un seul pour que sa réponse doive être affirmative.

**197.** *Questions de droit.*— Quoique le jury soit le souverain appréciateur des faits et circonstances d'une accusation, ses attributions ne s'étendent pas cependant aux conséquences *légales* à déduire de certains faits. C'est à la Cour qu'il appartient de tirer ces conséquences qui constituent des questions de droit. — Ainsi, le jury ayant constaté qu'un attentat à la pudeur a été commis par un beau-père sur la fille de sa femme, c'est à la Cour de décider si le beau-père a *autorité* sur sa belle-fille, circonstance qui aggrave la peine encourue (C. pén. 332, 333). De même, pour le crime de faux, les jurés ayant constaté la fabrication ou l'altération coupable de certains actes, c'est à la Cour de juger si ces actes avaient un caractère *commercial* ou *public*, ou seulement *privé* (C. pén. art. 147, 150), différence non moins essentielle pour l'application de la peine.

**198.** *Réclamations sur la position des questions.*— Il ne peut être donné lecture d'aucune question en l'absence de l'accusé, qui a le droit, comme le ministère public, d'élever des réclamations sur la teneur de ces questions.

Tant qu'il ne s'élève pas d'objections proprement dites sur la position des questions, le président seul peut faire droit, s'il y a lieu, aux observations qu'on vient à lui présenter sur ce point et qui auraient pour but de signaler une omission ou une erreur matérielle ; mais, dès qu'il se manifeste, soit de la part de la défense, soit de celle du ministère public, une opposition quelconque, à plus forte raison, lorsque des réquisitions formelles sont prises, c'est à la Cour qu'il appartient de statuer par un arrêt motivé.

Ces réclamations doivent être présentées, en général, avant l'entrée du jury dans sa chambre.

**199.** Cet incident vidé, et la lecture des questions achevée, le président avertit le jury :

Que sa décision, tant sur le fait principal que sur les circonstances aggravantes, sur les délits subsidiaires et sur le discernement, ne peut se former contre l'accusé qu'*à la majorité*, à peine de nullité (C. I. 341, 347) ;

Que sur les faits d'*excuse*, l'affirmative étant favorable à l'accusé, c'est la décision *négative* qui ne peut être rendue qu'à la majorité ;

Que tout vote du jury doit avoir lieu au scrutin secret (C. I. 341 ; V. n° 211) ;

Que, dans aucun cas, le nombre de voix auquel les décisions ont été prises ne doit être exprimé (C. I. 347) ;

Enfin que si le jury pense, à la majorité (C. 341, rectifié, L. 9 juin 1853), qu'il existe, en faveur d'un ou plusieurs accusés reconnus coupables, des circonstances atténuantes, il doit en faire la déclaration en ces termes : « A la majorité, il y a des circonstances atténuantes en faveur de tel accusé » (C. I. 341).

Le président n'est pas tenu d'avertir le jury du droit qui lui appartient de discuter (V. n° 207) avant de voter.

**200.** La défense d'exprimer le nombre de voix qu'a réunies une décision a eu pour but d'imprimer un caractère égal, de conférer une autorité pareille à tous les verdicts, qui sont censés la vérité même. On conçoit qu'il n'en eût pas été ainsi, si l'on eût permis d'énoncer le nombre de suffrages auquel une déclaration aurait été rendue. Des différences dans l'opinion se seraient établies, à cet égard, entre les verdicts, depuis celui qui aurait réuni l'unanimité des voix jusqu'à celui qui n'aurait obtenu que la majorité strictement nécessaire.

**201.** La feuille de la déclaration est datée après la dernière question et signée par le président.

Ordinairement cette feuille est imprimée et porte, en tête, des annotations indiquant la majorité nécessaire pour le fait principal, les circonstances atténuantes etc. (V. n° 278).

**202.** *Remise des pièces aux jurés.* —Le président fait ensuite remettre au chef du jury, avec la feuille du verdict, l'acte d'accusation, les procès-verbaux qui constatent le délit, et les pièces du procès autres que les déclarations écrites des témoins (C. I. 341) : attestations sur la moralité de l'accusé ; lettres missives, anonymes ou signées ; plaintes et dénonciations ; rapports d'experts ; interrogatoires des accusés ; registres de commerce.

Les jurés se rendent ensuite dans leur chambre pour y délibérer (C. I. 342). Dès ce moment, les jurés suppléants, s'ils n'ont pas été appelés à remplacer les titulaires, cessent d'appartenir au jury.

Enfin, le président fait retirer l'accusé de l'auditoire (C. I. 341), et l'audience est suspendue.

---

## CHAPITRE IX.

### DÉLIBÉRATION, VOTE ET DÉCLARATION DU JURY.

**203.** Arrivés dans leur chambre, les jurés ne peuvent en sortir qu'après avoir formé leur déclaration. L'entrée n'en peut être permise, pendant la délibération, pour quelque cause que ce soit, que par le président et par écrit. Ce magistrat est tenu de donner au chef de la gendarmerie de service l'ordre spécial et par écrit de faire garder les issues de la chambre des jurés ; ce chef est dénommé et qualifié dans l'ordre. La Cour peut punir le juré contrevenant d'une amende de 500 fr. au plus. Tout autre, qui a enfreint l'ordre ou ne l'a pas fait exécuter, peut être puni d'un emprisonnement de vingt-quatre heures (C. I. 343).

**204.** *Communication du président avec le jury.* — Du pouvoir conféré au président d'autoriser, sous sa responsabilité personnelle, les communications des jurés avec le dehors, la jurisprudence a conclu que ce magistrat avait le droit de pénétrer en personne dans la chambre du jury ; elle a décidé, toutefois, qu'il ne pouvait, de lui-même, se mettre ainsi en rapport avec le jury ; qu'une invitation préalable du chef des jurés, au nom de ses collègues (transmise par un huissier de service), était nécessaire pour rendre licite cette communication.

Dans la pratique, ces sortes de rapports ont lieu

assez souvent. Ils ont pour cause les doutes et les embarras du jury sur la forme ou la rédaction de ses déclarations. Les présidents d'assises étant d'ordinaire des magistrats de beaucoup d'expérience et de savoir, et aussi bienveillants que zélés, les jurés ont raison de faire un fréquent appel à leurs lumières. Telle difficulté qui n'est qu'apparente, qu'un mot du président suffirait pour lever, peut arrêter, faute d'habitude, des hommes même très-capables, et conduire, si elle n'est pas résolue, à un verdict irrégulier.

Changement du chef du jury, V. n° 125.

**205**. Avant de commencer la délibération, le chef du jury donne lecture de l'instruction suivante imprimée sur un carton déposé sur la table du jury, et en outre affichée, en gros caractères, dans le lieu le plus apparent de la chambre du jury :

« La loi ne demande pas compte aux jurés des « moyens par lesquels ils se sont convaincus : elle « ne leur prescrit point de règles desquelles ils doi- « vent faire particulièrement dépendre la plénitude « et la suffisance d'une preuve ; elle leur prescrit de « s'interroger eux-mêmes dans le silence et le re- « cueillement, et de chercher, dans la sincérité de « leur conscience, quelle impression ont faite sur « leur raison les preuves rapportées contre l'accusé, « et les moyens de sa défense. La loi ne leur dit « point : *Vous tiendrez pour vrai tout fait attesté « par tel ou tel nombre de témoins;* elle ne leur dit « pas non plus : *Vous ne regarderez pas comme suf- « fisamment établie toute preuve qui ne sera pas for- « mée de tel procès-verbal, de telles pièces, de tant de « témoins ou de tant d'indices;* elle ne leur fait que

« cette seule question, qui renferme toute la mesure « de leurs devoirs : *Avez-vous une intime convic-* « *tion?*

« Ce qu'il est bien essentiel de ne pas perdre de « vue, c'est que toute la délibération du jury porte « sur l'acte d'accusation ; c'est aux faits qui le con- « stituent et qui en dépendent, qu'ils doivent unique- « ment s'attacher ; et ils manquent à leur premier « devoir, lorsque, pensant aux dispositions des lois « pénales, ils considèrent les suites que pourra avoir, « par rapport à l'accusé, la déclaration qu'ils ont à « faire. Leur mission n'a pas pour objet la poursuite « ni la punition des délits ; ils ne sont appelés que « pour décider si l'accusé est ou non coupable du « crime qu'on lui impute » (C. I. 342).

Affiche de la loi du 13 mai 1836, V. n° 235.

Dans l'usage, cette lecture est négligée. Il n'en résulte pas de nullité, et, d'ailleurs, le verdict n'a point à mentionner l'accomplissement de cette formalité. L'instruction précédente caractérise avec autant de précision que de justesse et de netteté la manière dont la conviction du jury doit se former ; ses expressions sont un guide sûr pour les jurés. Tout au plus, en ce qui concerne les suites du verdict, peut-on reprocher à cette instruction remarquable une sévérité sur laquelle je me suis déjà expliqué (V. n° 170).

**206.** Les jurés délibèrent sur le fait principal et ensuite sur chacune des circonstances (C. I. 344).

Le chef du jury lit successivement chacune des questions posées d'après le résumé de l'acte d'accusation ou les débats, tant sur le fait proprement dit que sur les circonstances aggravantes, — puis les questions relatives aux faits d'excuse et à l'âge de l'accusé (C. I. 345, 346).

Le vote a lieu ensuite au scrutin secret, sur toutes les questions, en commençant, bien entendu, par le fait principal (*Id.* 345,346).

**207.** *Discussion.* — Il semble, au premier abord, résulter de ces textes, que la discussion est interdite et que le vote doit suivre immédiatement la lecture des questions. C'est là une erreur manifeste. La loi sur le vote au scrutin secret a laissé toute sa portée au mot de *délibération* employé par le Code. Or, cette expression entraîne nécessairement avec elle l'idée de discussion : car nul ne peut délibérer, à proprement parler, s'il ne lui est permis de discuter l'objet mis en délibération.

Ce point était demeuré hors de doute dans la préparation tant de la loi du 9 septembre 1835, qui a établi le vote du jury au scrutin secret, que de celle du 13 mai 1836, qui a réglé ce mode de votation.

Mais ce droit de discussion, le jury n'est point obligé de l'exercer; certaines affaires, celles, entre autres, où il y a aveu, sont tellement claires que toute discussion serait oiseuse, et qu'il n'y a, pour ainsi dire, qu'à voter au fur et à mesure de la lecture des questions.

**208.** *Direction de la délibération.* — Maintenant, pour délibérer régulièrement, quelle marche devra-t-on suivre; à qui appartiendra la direction de la discussion, le droit de résoudre les difficultés qui pourront survenir; et, avant tout, sera-t-il permis de décider que la délibération ne sera pas ouverte? Il est nécessaire, ce me semble, de poser quelques principes sur ces divers points, passés sous silence par le législateur.

Ce qui me paraît, d'abord, résulter tant de l'esprit de la loi que de la force des choses, c'est que le chef du jury est, par son titre et sa mission, investi du droit de diriger la délibération et de statuer provisoirement sur les incidents de forme qui viennent à se produire. Qu'une réclamation s'élève contre sa décision, les autres jurés seront alors consultés, et l'avis de la majorité prévaudra.

Quant à la question de savoir si l'on devra délibérer sur l'affaire, il ne peut y avoir de difficulté que si la majorité se décide pour le vote immédiat. Dans ce cas, je pense que la délibération, réclamée par la minorité du jury, n'en devrait pas moins avoir lieu, sauf à en resserrer davantage la durée. Autrement, cette minorité ne pourrait se faire entendre, alors qu'elle aurait peut-être d'utiles observations à présenter. Ainsi, un juré, tout seul, voudrait user de son droit de discussion, qu'il devrait être admis à s'expliquer.

Pour l'ordre dans lequel la parole doit être donnée par le chef du jury, il ne saurait y en avoir d'autre que celui des réclamations à cet égard, puisqu'il n'y a pas, dans le sein du jury, comme dans les tribunaux, de membres moins anciens que les autres et devant, à ce titre, opiner les premiers (D. 30 mars 1808, art. 35).

Si la discussion s'égare ou paraît se prolonger inutilement; si un opinant est interrompu, s'il abuse de la parole, le chef du jury intervient, et si son observation n'est pas suivie, il consulte les autres jurés sur l'incident.

**209.** Le chef du jury, outre la lecture qu'il doit faire aux jurés des questions (V. n° 206), est chargé (V. n° 220) de rédiger les réponses, résultat du vote. Mais il ne lui est pas interdit, pour remplir cette double obligation, de se faire suppléer ou aider par un ou plusieurs de ses collègues, soit pour faire lire les questions, soit pour faire écrire les réponses (V. ° 227).

**210.** *Vote au scrutin secret.* — Quoi qu'il en soit de la délibération, le vote a lieu au scrutin secret, d'après la loi du 13 mai 1836. Le louable but de cette loi a été de rassurer les consciences timorées, de les prémunir contre les craintes que la divulgation du vote pouvait leur inspirer. Auparavant, en effet, si le vote des jurés devait être un secret pour le public, ce secret était souvent illusoire : l'ancien article 345 du Code prescrivant le vote oral, dans la chambre des délibérations sur chacune des questions posées. De là, de fréquentes indiscrétions qui faisaient connaître au dehors l'opinion de chacun, et qu'il était à peu près impossible d'empêcher.

**211.** D'après cette loi :

Le jury vote par bulletins écrits et par scrutins distincts et successifs, sur le fait principal d'abord, et, s'il y a lieu, sur chacune des circonstances aggravantes, sur chacun des faits d'excuse légale, sur la question de discernement, et enfin sur la question des circonstances atténuantes, que le chef du jury est tenu de poser toutes les fois que la culpabilité de l'accusé aura été reconnue (dite loi, art. 1er).

A cet effet, chacun des jurés, appelé par le chef du jury, reçoit de lui un bulletin ouvert, marqué du timbre de la Cour d'assises, et portant ces mots : *Sur mon honneur et ma conscience, ma déclaration est :...* Il écrit à la suite, ou fait écrire secrètement par un juré de son choix, le mot *oui* ou le mot *non*, sur une table disposée de manière que personne ne puisse voir le vote inscrit au bulletin. Le bulletin écrit et fermé est remis au chef du jury, qui le dépose dans une urne ou boîte destinée à cet usage (*idem*, art. 2).

**212.** Ces prescriptions s'entendent d'elles-mêmes : il faut un scrutin séparé et une réponse particulière pour chacune des questions posées, y compris celle des circonstances atténuantes ; une seule réponse pour deux ou plusieurs questions entraînerait nullité ; cependant, si le résultat du scrutin sur le fait principal est négatif, comme, dans ce cas, l'acquittement de l'accusé doit s'ensuivre, il n'y a plus lieu de répondre sur les circonstances aggravantes concernant ce chef, et l'on passe au chef suivant, s'il y a plusieurs chefs d'accusation.

**213.** Quant aux questions (V. n° 241) *résultant des débats* ou subsidiaires, il n'y a pas lieu de s'en occuper si la réponse sur la question principale est affirmative ; ces questions *subsidiaires* ne doivent être examinées que lorsque les principales, dont elles sont destinées à tenir la place, ont été répondues négativement.

**214.** Les tables destinées à écrire les votes sont surmontées d'un compartiment assez élevé pour protéger contre les regards le juré qui s'y place. Ce compartiment, d'ordinaire, est même double, ce qui permet d'écrire aux deux bouts de la table en même temps.

**215.** *Bulletins blancs*, etc. — La condition de savoir lire et écrire, imposée, de nos jours, à tout juré, a levé la plupart des difficultés que faisait naître l'application de la loi de 1836. Maintenant on ne trouve plus dans l'urne des bulletins totalement illisibles, même tout à fait blancs, déposés par des jurés illettrés (quoique électeurs *censitaires*) qui n'avaient pas osé avouer leur ignorance. Ces bulletins blancs, s'ajoutant (V. n° 224) nécessairement aux bulletins négatifs, avaient, plus d'une fois, amené des acquittements tout à fait imprévus.

**216.** La loi a gardé le silence à l'égard des jurés qui refuseraient d'écrire le vote d'un de leurs collègues. Si, ce qui est peu probable, ce cas se présentait, c'est-à-dire si un juré qui ne peut pas écrire, éprouvait un refus de la part des onze autres jurés, il faudrait avoir recours à l'intervention du président de la Cour, dont les observations lèveraient sûrement la difficulté (V. n° 204).

**217.** Une fois les bulletins déposés dans l'urne, ils ne peuvent, sous aucun prétexte, en être retirés isolément et avant le dépouillement du scrutin ; la recherche de tel bulletin pourrait donner lieu soit à des erreurs, soit à des indiscrétions. Tout au plus, le chef du jury pourrait-il rendre au juré réclamant le premier et seul bulletin encore déposé dans l'urne.

Questions complexes, alternatives, questions de droit (V. n[os] 195 à 197).

**218.** *Circonstances atténuantes.* — Le chef du jury *est tenu* de poser la question des circonstances atténuantes lorsque le dépouillement du scrutin, sur les questions posées par la Cour, a amené une déclaration de culpabilité; on doit croire qu'une formalité si essentielle à la défense sera toujours observée; si pourtant elle avait été oubliée, les jurés pourraient en faire la remarque à l'audience, lors de la lecture du verdict, et la Cour ordonnerait que le jury rentrerait dans sa chambre pour y réparer l'omission et donner son vote.

La question sur les circonstances atténuantes, on l'a déjà vu (V. n° 194), se pose verbalement.

Lorsqu'il y a plusieurs accusés reconnus coupables, il faut poser la question d'atténuation pour chacun d'eux en particulier; autrement la confusion serait possible, tel juré pouvant être d'avis d'atténuer la peine à l'égard d'un accusé seulement et non des autres.

On peut également poser la question d'atténuation pour chaque fait principal concernant l'accusé : le jury a le droit de limiter sa déclaration de circonstances atténuantes à l'un ou plusieurs des crimes reprochés.

Réserve dans l'admission de ces circonstances (V. n° 268).

**219.** Quelquefois, cependant, il n'y a pas lieu à la question des circonstances atténuantes, parce qu'il appartient alors à la Cour seule d'en décider l'admission. C'est le cas, par exemple, où l'accusé poursuivi pour une infraction dont les circonstances aggravantes seules font un crime (comme un vol qualifié, une voie de fait qualifiée), les réponses des jurés, affirmatives sur le fait principal, étant négatives sur les circonstances aggravantes, il ne reste plus qu'un délit correctionnel.

Ainsi, à propos d'un vol à l'aide d'escalade (C.

pén., 384), — ou de coups ayant amené la privation d'un membre ou d'un œil (*Id.* 309), le jury ayant dit — *oui*, sur le vol, mais *non* sur l'escalade, — *oui* sur les coups, mais *non* sur la privation du membre, etc., il n'y a plus qu'un vol simple (*Id.* 401), — que des coups simples (*Id.* 311), c'est-à-dire de simples délits.

Il en est de même, lorsque l'accusé, reconnu *coupable* du crime, est toutefois déclaré *excusable*, par l'admission des faits d'excuse légale, objets d'une question spéciale ; ici, il n'y a plus lieu d'appliquer qu'une peine correctionnelle.

Dans tous ces cas, le droit de reconnaître des circonstances atténuantes retourne à la Cour d'assises, parce que la matière est devenue *correctionnelle*, et que le jury n'est investi de ce droit qu'en *matière criminelle* seulement (C. pén. 463 ; C. I. 341).

Toutefois, si le jury concevait quelque doute sur l'application de ces principes, il ferait bien de délibérer sur les circonstances atténuantes et d'en consigner l'admission, le cas y échéant, dans le verdict, parce que si le fait principal avait conservé son caractère de crime, l'accusé pourrait profiter des circonstances atténuantes reconnues.

**220**. *Dépouillement du scrutin.* — Le scrutin se dépouille en la forme ordinaire. En présence des autres jurés qui peuvent les vérifier, le chef du jury retire les bulletins de l'urne et les compte pour s'assurer qu'ils sont au nombre de douze. Il les ouvre ensuite et les lit à haute voix, en séparant les votes affirmatifs des négatifs. Il compte les uns et les autres, et écrit le résultat dans la colonne de la feuille du verdict destinée aux réponses.

Si, pour la condamnation, il y a sept voix ou plus, le chef du jury met : *Oui, à la majorité.*

Ainsi qu'on l'a déjà vu (nº 199), le nombre de voix qui constitue la majorité ne peut être exprimé.

S'il n'y a que six voix ou moins pour la condamnation, on écrit simplement : *Non.* — La majorité ne s'exprime pas pour les votes négatifs, à l'exception des questions d'excuse (V. nºs 199 et 223).

**221.** Lorsque le fait principal a été écarté par un *Non*, il est inutile (nº 212) de répondre aux questions qui suivent sur les circonstances aggravantes de ce fait principal.

**222.** Pour les *circonstances atténuantes*, s'il y a sept oui, nombre suffisant, comme la question, sur ce point, n'est pas écrite, il faut en énoncer la substance dans la réponse, et le chef du jury met : *A la majorité, il y a des circonstances atténuantes en faveur de l'accusé.*

S'il y a plusieurs accusés, on ajoute le nom de celui que la déclaration favorise.

S'il y a plusieurs faits, et que le jury veuille concentrer sur l'un d'eux le bénéfice de l'atténuation, on ajoute : « concernant *tel crime* seulement. »

Si deux ou plusieurs accusés obtiennent des circonstances atténuantes, il faut une déclaration séparée pour chacun.

S'il n'y a que six voix ou moins, pour les circonstances atténuantes, il n'y a rien à écrire; le vote négatif, dans ce cas, ne doit pas être exprimé.

Les jurés demandent parfois comment les circonstances atténuantes étant favorables à l'accusé, pour les admettre, l'égalité des voix ne suffit pas, comme pour l'acquittement. La réponse est celle-ci : Le législateur craignant, avec raison, qu'il n'y eût abus dans les déclarations de circonstances atténuantes, si le partage des voix emportait cette faveur, a exigé la majorité afin que la décision affirmative fût le résultat d'une volonté certaine et non pas du doute de la part du jury.

**223.** Quant aux questions d'*excuse*, si sept voix ou plus repoussent le fait que l'accusé allègue pour sa justification, le chef du jury met : *Non, à la majorité.* — S'il y a six voix ou davantage pour l'affirmative, il met simplement : *Oui.* — Ici, on l'a déjà vu (n° 199), la négative, étant contraire à l'accusé, ne peut être déclarée qu'à la majorité de sept voix, tandis que l'affirmative lui étant favorable, peut être déclarée par l'égalité des suffrages ou six voix seulement.

**224.** Sont comptés pour l'acquittement, les bulletins *blancs* ou *illisibles,* ceux qui portent *oui et non;* cette alternative est considérée comme emportant un vote négatif.

Six voix suffisent pour faire déclarer un bulletin illisible et le compter à l'accusé. Ce résultat peut encore se produire, dans un autre cas, avec cinq voix seulement. Ainsi, sept jurés ont déclaré que le bulletin est lisible ; mais là ne doit pas s'arrêter leur examen ; ils ont encore à décider quel mot est exprimé : *Oui* ou *Non.* Que, sur ces sept jurés, un lise le mot *Non,* son vote, comme favorable, devra être ajouté aux cinq voix qui ont trouvé le bulletin illisible, et six voix favorables se trouvant ainsi acquises, ce bulletin doit compter pour l'acquittement.

D'après ce que j'ai dit plus haut, il est bien entendu qu'aucun de ces bulletins douteux ne peut être compté pour les circonstances atténuantes, toute favorable que soit cette décision ; les *oui*, lisibles, sont seuls admis.

**225.** *Signature.* — La déclaration du jury est signée par le chef des jurés, au-dessous de la dernière réponse aux questions et dans la colonne qui leur est destinée. Si le nombre des questions a nécessité l'emploi de plusieurs feuilles, il suffit que le chef du jury signe la dernière. Cette signature peut être apposée, soit en la chambre des délibérations, soit à l'audience, pourvu qu'elle le soit en présence de tous les autres jurés (C. I. 349).

Si le chef du jury n'est pas celui que le sort a désigné (V. n° 125), il ajoute, après sa signature : *Remplaçant le chef du jury, sorti par le sort, sur la désignation des autres jurés et de mon consentement.*

**226.** Les ratures, les renvois, les surcharges, les interlignes, s'il y en a, doivent être approuvés expressément. Ceux qui ne sont pas approuvés sont réputés non avenus, de sorte que, si la rature, le renvoi, la surcharge porte sur un point substantiel de la réponse, tel que le mot *oui*, la nullité dela déclaration doit s'ensuivre.

**227.** La loi n'exige pas que la déclaration soit datée. Le chef du jury n'est pas tenu de l'écrire lui-même, il suffit qu'il la signe — V. ci-contre un *specimen* de déclarations du jury.

**228.** Le verdict ou déclaration ne doit contenir aucune réponse touchant un objet sur lequel le jury n'aurait pas été interrogé; aucune mention étran-

*Déclaration de culpabilité.*

Si l'accusé est déclaré coupable, soit du fait principal, soit des circonstances aggravantes de ce fait, par une majorité de *sept* voix ou plus, le Jury répondra, sur chaque question :

**OUI**, *à la majorité.*

Si la même majorité admet l'existence de circonstances atténuantes, le Jury l'énonce ainsi :

*A la majorité, il y a des circonstances atténuantes en faveur de l'accusé.*

Si, au contraire, le Jury n'admet pas l'existence de circonstances atténuantes, il n'a aucune mention à faire à cet égard.

NOTA. Pour admettre des circonstances atténuantes, l'égalité des voix ne suffit pas, il faut *sept* voix, au moins, comme pour la condamnation.

# COUR D'ASSISES

DU

DÉPARTEMENT d

Audience d                186 .

## DÉCLARATION DU JURY

*Déclaration de non-culpabilité.*

L'égalité des voix pour et contre l'accusé équivaut à une déclaration de non-culpabilité. Toutes les fois que l'accusé est déclaré non coupable, il ne doit être fait aucune mention de majorité. La réponse sera : **NON**.

Si l'accusé, déclaré coupable sur le fait principal, ne l'était pas sur une ou plusieurs des circonstances, la réponse sera également sur chacune de ces circonstances : **NON**.

NOTA. La décision du Jury est signée par le Chef et remise par lui au Président, le tout en présence des onze autres Jurés.

Si le Chef du Jury désigné par le sort est remplacé, la signature du Juré remplaçant doit être suivie de ces mots :

*Remplaçant le premier Juré sorti par le sort, sur sa demande, sur la désignation des autres Jurés, et de mon consentement.*

*Dans le procès contre l        nommé*

| | QUESTIONS. | RÉPONSES. Le Chef du Jury, debout, la main placée sur son cœur, DIT: *Sur mon honneur et ma conscience, devant Dieu et devant les hommes, la déclaration du Jury est :* (Faits principaux avec leurs circonstances.) | (Circonstances atténuantes.) |
|---|---|---|---|
| 1 | Jean-Louis BERNARD est-il coupable d'avoir, en mars 1867, soustrait frauduleusement, au préjudice des époux Morin, de l'argent monnayé, des bijoux en or et des effets d'habillement? | Oui, à la majorité. | |
| 2 | Cette soustraction frauduleuse a-t-elle été commise la nuit? | Non. | |
| 3 | A-t-elle été commise à l'aide d'escalade? | Non. | |
| 4 | A-t-elle été commise à l'aide d'effraction? | Oui, à la majorité. | |
| 5 | A-t-elle été commise dans une maison habitée? | Oui, à la majorité. | |
| | *Le Président des Assises,* | *Le Chef du jury,* (Signature.) | |
| 1 | Joseph-Denis LAFOSSE est-il coupable d'avoir, en janvier 1867, soustrait frauduleusement, au préjudice du sieur Durand, une certaine somme d'argent et une montre en or? | Oui, à la majorité. | A la majorité, il y a des circonstances atténuantes en faveur de l'accusé. |
| 2 | Lors de cette soustraction, ledit LAFOSSE était-il le domestique (ou l'homme de service à gages) dudit sieur Durand? | Oui, à la majorité. | *Le Chef du jury,* |
| | *Le Président des Assises,* | | |

| | QUESTIONS. | RÉPONSES. (Faits principaux avec leurs circonstances.) | (Circonstances atténuantes.) |
|---|---|---|---|
| 1 | Édouard MARTIN est-il coupable :<br>1° D'avoir, en février 1867, fabriqué ou fait fabriquer, un billet, à son ordre, de la somme de 2000 fr., daté à Paris, du 15 février 1867, payable le 31 mai, suivant, causé valeur en marchandises, et d'y avoir apposé ou fait apposer la fausse signature Lelièvre, lequel est commerçant? | Oui, à la majorité. | |
| 2 | 2° D'avoir, à la même époque, fait usage de ce billet faux, sachant qu'il était faux?<br>*Le Président des Assises,* | Oui, à la majorité.<br>*Le Chef du jury,* | |
| | Camille-Ernest MARCEL est-il coupable d'avoir, en avril 1867, commis un attentat à la pudeur sur la personne d'Élise Firmin, âgée de moins de treize ans?<br>*Le Président des Assises,* | Non,<br>*Le Chef du jury,* | |
| 1 | François-Alexandre LAROCHE est-il coupable d'avoir, en décembre 1866, commis volontairement un homicide sur la personne de Jacques Rousseau? | Oui, à la majorité. | |
| 2 | Cet homicide volontaire a-t-il été commis avec préméditation? | Oui, à la majorité. | |
| 3 | A-t-il été commis de guet-apens?<br>*Le Président des Assises,* | Oui, à la majorité.<br>*Le Chef du jury.* | |
| 1 | Jeanne-Louise DUBOIS est-elle coupable d'avoir, en mars 1867, volontairement donné la mort à son enfant nouveau-né? | Non. | |
| 2 | *Question résultant des débats.*<br>Ladite DUBOIS est-elle coupable d'avoir, à la même époque, par imprudence ou négligence, involontairement causé la mort de son enfant?<br>*Le Président des Assises,* | Oui, à la majorité.<br>*Le Chef du jury,* | |

gère aux questions posées (V. n° 234), même quand elle concernerait un recours en grâce.

Si le jury croit devoir recommander l'accusé à la clémence de l'Empereur, sa demande doit être rédigée sur une feuille séparée.

**229.** Enfin, et ce n'est pas le point le moins digne d'attention, le jury doit apporter tous ses soins à ne pas donner de déclaration qui soit *irrégulière*, — *incomplète*, — *obscure* ou *ambiguë*, — *contradictoire*, — ou entachée *d'excès de pouvoir*, ce qui aurait pour résultat de faire ordonner le renvoi des jurés dans la chambre de leurs délibérations afin de la rectifier.

**230.** Une déclaration est *irrégulière*, quand elle n'est pas revêtue de toutes les formes prescrites par la loi ; par exemple, lorsque, en cas de condamnation, il n'y est pas fait mention qu'elle a été rendue *à la majorité*.

**231.** Elle est *incomplète*, si elle ne répond pas à toutes les questions posées : si, le fait principal reconnu constant, le jury a omis de s'expliquer sur quelque circonstance aggravante, ou sur un fait de complicité.

**232.** La déclaration est *obscure* ou *ambiguë*, si une réponse laisse un doute sérieux s'élever sur la véritable intention du jury. Ainsi, à cette question : « A l'époque du crime, l'accusé était-il âgé de moins de seize ans, et, dans ce cas, a-t-il agi avec discernement ? » les jurés répondent : « Non, à la majorité. » Cette réponse, pouvant s'appliquer exclusivement à la première partie de la question, offre une alternative qui laisse la culpabilité incertaine ; dès lors, la réponse ne présente pas de base légale, soit à un acquittement, soit à une condamnation.

**233.** Elle est *contradictoire*, lorsque les décisions qu'elle contient sont inconciliables, et destructives les unes des autres. Telles sont les déclarations desquelles il résulte :

Que le fait a été commis *sciemment*, mais sans intention de nuire ;

Qu'un accusé est coupable de meurtre, c'est-à-dire d'homicide volontaire, et qu'il a agi sans *intention ;*

Qu'un accusé est coupable d'avoir *volontairement* porté des coups, mais par *imprudence* ;

Qu'un meurtre a été commis, de *guet-apens*, mais sans préméditation. Le guet-apens consistant à attendre, plus ou moins de temps, dans un ou divers lieux, un individu pour commettre sur lui un meurtre ou des actes de violence, cette circonstance emporte nécessairement avec elle la préméditation, qui est « le dessein formé, avant l'action, de commettre le crime » (C. P. 297) ;

Que l'accusé n'est pas coupable d'une soustraction frauduleuse, et qu'il a commis cette même soustraction, de complicité avec un autre individu, ensemble et en s'aidant et s'assistant mutuellement ;

Qu'un accusé est coupable, seul, de plusieurs vols, et qu'il s'est rendu complice, par assistance, de ces soustractions ;

Que l'accusé est coupable du vol qui lui est imputé, comme *auteur ;* et qu'il est, de plus, coupable d'avoir sciemment *recélé* tout ou partie des objets volés. — Le recel de la chose volée est un fait subséquent au vol, et, de sa nature, exclusif de toute participation au vol lui-même, à moins qu'il n'y ait eu deux *auteurs* ou un plus grand nombre.

**234.** Enfin, la déclaration du jury est entachée d'*excès de pouvoir*, quand elle énonce un fait ou une circonstance sur lequel les jurés n'ont point été interrogés. Telles sont les déclarations qui constatent :

Qu'un homme, accusé d'avoir commis un vol, est coupable comme auteur et comme *complice*, par recélé ;

Que l'accusé n'a pas commis le meurtre volontaire qui lui est reproché, mais qu'il est coupable de coups et blessures qui ont occasionné la mort sans intention de la donner; ou encore qu'il est coupable par imprudence.

**235.** Immédiatement après le dépouillement de chaque scrutin, les bulletins sont brûlés en présence des jurés.

La loi du 13 mai 1836 doit être affichée en gros caractères dans la chambre du jury.

**236.** Les dispositions de la loi de 1836 sont sages et s'exécutent généralement avec exactitude. Cependant elles sont dépourvues de sanction proprement dite. Soit oubli, soit intention, le législateur n'a pas réglé la manière de constater les contraventions commises par les jurés à la loi, et ensuite de les réprimer. La Cour, toutefois, ne serait pas désarmée si elle venait à en être instruite; les jurés, témoins d'une contravention grave, n'auraient qu'à la révéler à l'audience. Alors le verdict, irrégulièrement formé, pourrait être annulé, et le jury renvoyé dans sa chambre pour en rendre un nouveau, en observant les formes prescrites.

---

## CHAPITRE X.

### LECTURE DE LA DÉCLARATION; PRONONCÉ DE L'ARRÊT.

**237.** La déclaration rédigée, les jurés rentrent dans l'auditoire et reprennent leurs places. La Cour, avertie par les huissiers, remonte sur son siége. Le président demande au chef du jury quel est le résultat de la délibération. Ce juré se lève, et la main placée sur son cœur, il dit : — « Sur mon honneur et ma conscience, devant Dieu et devant les hommes, la déclaration du jury est... » (C. I. 348); — puis il donne lecture des réponses du jury aux questions posées. Il n'est pas nécessaire de lire les questions elles-mêmes; on se contente de les indiquer par leurs numéros et de lire ensuite les réponses; d'autant plus que lecture du tout est plus tard donnée par le greffier.

Enfin, quand le nombre des questions est considérable et que les réponses du jury à la plupart sont les mêmes, le chef du jury note les numéros des réponses au plus petit nombre des questions et il dit sur les numéros *tels* — *non* ou *oui* à la majorité — sur tous les autres *oui* à la majorité ou *non*; l'on gagne de la sorte un temps toujours précieux.

Si, après la lecture du verdict, le jury a été renvoyé dans sa chambre pour y rectifier quelques-unes de ses réponses, il suffit, au retour, de lire les parties de la déclaration qui ont motivé le renvoi.

Au moment de lire le verdict, si le chef du jury se

sent indisposé ou trop ému, rien n'empêche que la formalité ne soit remplie par le second juré, ou même par un autre membre du jury (V. n° 209), pourvu qu'il n'y ait pas de réclamation, ou que les autres jurés consentent à cette substitution.

**238.** Le conseil de l'accusé a le droit d'assister à cette première lecture de la déclaration du jury, et de parler sur les incidents qui s'élèvent à cette occasion.

**239.** Une fois rentrés dans l'auditoire, les jurés ne peuvent, ni ne doivent, même sur la réclamation de l'un ou de plusieurs d'entre eux, retourner dans leur chambre pour s'y livrer, sur quelque point de leur décision, à une délibération nouvelle.

**240.** La feuille du verdict, signée (V. n° 225) par le chef du jury, est remise au président, qui la signe et la fait signer par le greffier (C. I. 349). C'est à cet instant que la Cour, le ministère public et le défenseur entendus, décide s'il y a lieu de renvoyer les jurés dans leur chambre pour y réparer les omissions ou irrégularités que leurs réponses peuvent présenter (V. n^os 229 et suiv.).

Ce droit de renvoi appartient à la Cour tout entière, non au président.

**241.** *Annulation du verdict.* — C'est aussi à ce moment que la Cour doit user, lorsqu'elle le juge à propos, de la faculté qu'elle a reçue de la disposition suivante, de déclarer qu'il y a lieu à de nouveaux débats :

« Dans le cas où l'accusé est reconnu coupable, et si la

Cour est convaincue que les jurés, tout en observant les formes, se sont trompés au fond, elle déclare qu'il est sursis au jugement et renvoie l'affaire à la session suivante, pour y être soumise à un nouveau jury, dont ne peut faire partie aucun des jurés qui ont pris part à la déclaration annulée.

« Nul n'a le droit de provoquer cette mesure. La Cour ne peut l'ordonner que d'office, immédiatement après que la déclaration du jury a été prononcée publiquement.

« Après la déclaration du second jury, la Cour ne peut ordonner un nouveau renvoi, même quand cette déclaration serait conforme à la première » (C. I. 352).

Ce pouvoir extraordinaire est tout favorable à la défense des accusés, mais l'occasion d'en faire usage est excessivement rare.

**242.** Le président fait comparaître l'accusé, et le greffier lit en sa présence (à peine de nullité) la déclaration des jurés (C. I. 357). Lorsque, sur plusieurs accusés, il y en a d'acquittés, ceux-là sont introduits les premiers ; on lit la partie de la déclaration qui les concerne, et le président statue immédiatement à leur égard.

Une fois lu à l'accusé, le verdict lui est acquis, ainsi qu'à la société ; la Cour ne peut donc autoriser le jury à délibérer de nouveau sur tel ou tel point qu'on prétendrait avoir été omis, par exemple sur les circonstances atténuantes. Il n'y aurait lieu au renvoi des jurés dans leur chambre qu'en cas d'irrégularité, de contradictions évidentes, etc., seulement reconnues à ce moment.

La déclaration du jury n'est soumise à aucun recours (C. I. 350).

**243.** Pour ouïr son arrêt, l'accusé doit être, comme aux débats, libre et sans fers ; cependant, en cas de condamnation, s'il est signalé comme violent et dangereux, il n'est pas interdit de prendre des précautions (par exemple, les menottes), et de le mettre hors d'état de nuire. Les actes de violence ne sont pas tout à fait sans exemple.

**244.** Si, par suite d'une indisposition grave, l'accusé ou l'un des accusés se trouvait hors d'état d'ouïr son arrêt et de s'expliquer sur la peine requise par le ministère public, la Cour, après avoir fait constater la maladie par un homme de l'art, pourrait renvoyer le prononcé de l'arrêt au lendemain.

**245.** *Acquittement.* — Lorsque l'accusé a été déclaré non coupable, le président prononce qu'il est acquitté de l'accusation, et ordonne qu'il soit mis en liberté, s'il n'est retenu pour autre cause (C. I. 358). Le ministère public n'a, sur ce point, aucune conclusion à prendre. —Mais il faut que l'acquittement ne souffre aucun doute : car la Cour serait seule compétente pour statuer, le ministère public et le défenseur préalablement entendus, s'il s'élevait la moindre difficulté.

**246.** *Absolution.*—Si l'accusé n'est reconnu auteur ou coupable que d'un *fait* qui n'est pas défendu par une loi pénale, la Cour prononce son absolution (C. I. 364).

**247.** *Condamnation.* — Lorsque l'accusé a été déclaré coupable, le procureur général fait sa réquisition pour l'application de la loi, lors même que le fait, par suite du verdict, sortirait de la compétence de la Cour d'assises (C. I. 365). La partie civile fait la sienne pour ses restitutions et dommages-intérêts (C. I. 362). — Le président, à peine de nullité, demande à l'accusé, s'il n'a rien à dire pour sa défense (C. I. 363). — L'accusé ni son conseil ne peuvent plus plaider que le fait est faux, mais seulement qu'il n'est pas défendu ou qualifié délit par une loi, ou qu'il ne mérite pas la peine dont le ministère public a requis l'application, ou qu'il ne comporte pas les dommages-intérêts réclamés par la partie civile (*Id.*).

Si l'accusé est déclaré excusable, la Cour prononce conformément au Code pénal (C. I. 367).

La présence du conseil de l'accusé, à ce moment, n'est point nécessaire à la validité de l'arrêt.

**248.** Les juges délibèrent et opinent à voix basse; ils peuvent se retirer à la chambre du conseil (C. I. 369). La loi pénale doit être appliquée aux faits déclarés constants par le jury, sans que la Cour puisse suppléer aucune circonstance omise dans les questions.

Si l'accusé est en récidive, c'est à la Cour qu'il appartient de le déclarer.

**249.** L'arrêt est prononcé à haute voix par le président, en présence du public et de l'accusé. Ce magistrat, avant de prononcer la peine, lit le texte de la loi sur laquelle l'arrêt est fondé. Ce texte est inséré dans l'arrêt par le greffier à peine de 100 francs d'amende (C. I. 369) (1).

---

(1) Lorsque le condamné, à qui a été appliquée une peine infamante, est légionnaire, sa dégradation est prononcée en ces termes par le président, sur les réquisitions du ministère public, après la lecture du jugement : « Vous avez manqué à l'honneur ; je déclare au nom

Le président peut, ensuite, selon les circonstances, exhorter l'accusé à la fermeté, à la résignation ou à réformer sa conduite. — Il l'avertit qu'il a trois jours pour se pouvoir en cassation contre l'arrêt (C. I. 371, 373).

**250.** Ce n'est, en effet, que devant la Cour de cassation que les arrêts des Cours d'assises peuvent être attaqués (C. I. 262). Ainsi, lorsque l'arrêt est prononcé, l'accusé n'a pas le droit de prendre la parole pour le critiquer ou s'en plaindre, bien moins encore pour adresser des observations soit aux jurés, soit aux témoins; le président devrait immédiatement lui imposer silence, et, s'il persistait, le faire retirer de l'auditoire.

L'accusé et son conseil ne sont entendus que s'il s'agit de relever des erreurs matérielles qui se sont glissées dans le prononcé de l'arrêt.

**251.** L'usage, à défaut de disposition sur ce point, leur fait aussi accorder la parole, après l'arrêt, pour demander acte à la Cour de certaines circonstances survenues aux débats ou de l'omission de certaines formalités, ces constatations pouvant militer en faveur du pourvoi en cassation. Le ministère public s'explique, à son tour, sur ces réquisitions, et la Cour donne acte du fait ou le refuse après s'être éclairée, s'il y a lieu, par une enquête parmi les assis-

---

de la Légion que vous avez cessé d'en être membre » (D. 16 mars 1852, art. 43).

Si le condamné est décoré de la médaille militaire, le président prononce qu'il cesse d'être décoré, etc. (Code de justice militaire, art 138).

tants, et au besoin parmi les jurés eux-mêmes qui ont été présents aux débats du procès, et qui, de plus, ont seuls connaissance de ce qui s'est passé dans la chambre de leurs délibérations.

**252.** *Frais.* — En prononçant, soit l'absolution, soit la condamnation de l'accusé, la Cour statue sur les frais du procès.

Si l'accusé a été acquitté, la partie civile est tenue des frais du procès envers l'Etat, et lors même qu'elle obtient des dommages contre l'accusé (C. I. 368). L'accusé doit seulement supporter les dépens qui résultent de l'intervention de la partie civile.

**253.** *Dommages-intérêts.* — La Cour statue ensuite, s'il y a lieu, sur les demandes en restitution et dommages-intérêts présentées, soit par la partie civile, soit par l'accusé (C. I. 359). Elle peut, à cet effet, remettre à un autre jour et commettre un juge pour entendre les parties et faire son rapport à l'audience.

**254.** *Restitution des objets saisis.* — La Cour ordonne aussi que les effets *pris* seront restitués à leur propriétaire (C. I. 366); même lorsqu'il y a eu acquittement et que ce propriétaire n'est pas présent.

**255.** *Procès-verbal.* — A peine de nullité le greffier dresse un procès-verbal de la séance, à l'effet de constater l'accomplissement des formalités prescrites.

**256.** *Exécution de l'arrêt et des peines.* — L'exécution des arrêts des Cours d'assises est confiée aux officiers du ministère public attachés à ces tribunaux (C. I. 376). En cas de condamnation capitale, l'arrêt, lors même que le condamné ne s'est pourvu ni en cassation, ni en grâce, ne peut être exécuté sans les ordres du ministre, qui adresse, préalablement, un rapport sur l'affaire à l'Empereur.

La peine de *mort* est subie sur une des places publiques de la ville chef-lieu judiciaire, à moins que la Cour d'assises n'ait désigné un lieu spécial dans l'arrêt (C. pén. 12, 26).

Les *travaux forcés* ne sont prononcés que contre les condamnés de moins de 60 ans (A cet âge, la peine est convertie en réclusion. L. 30 mai 1854, art. 5).

Cette peine est subie dans une possession française, autre que l'Algérie, et provisoirement en France (dite loi), au bagne de Toulon pour les hommes. Les femmes sont enfermées dans une maison de force ou centrale, quel que soit leur âge (C. pén. 16).

Les forçats transportés aux colonies (maintenant à Cayenne) sont tenus d'y résider, après l'expiration de leur peine ; ceux condamnés à moins de 8 ans, pendant un temps égal à la durée de leur condamnation ; ceux condamnés à 8 ans ou plus, pendant toute leur vie (D. 27 mars 1852, art. 6 ; L. 30 mai 1854, art. 6).

La *déportation* est subie dans l'une des îles Marquises (L. 8 juin 1850) et, provisoirement, ainsi que la *détention*, dans la citadelle de Corté (Corse) (C. pén. 17, 20 ; L. 9 sept. 1835, art. 2) ; le *bannissement*, peine très-rarement appliquée, dans une maison de correction (C. pén. 32 ; O. 2 avril 1817).

La *réclusion*, l'*emprisonnement* correctionnel de plus d'un an, se subissent, pour les deux sexes, dans les maisons centrales (C. pén. 21 ; OO. 2 avril 1817, juin 1830). Il y a, en France (la Corse comprise), vingt-cinq de ces prisons : 17 pour les hommes, 8 pour les femmes.

L'*emprisonnement* d'un an ou moins dans les maisons d'arrêt (C. pén. 40).

La détention *correctionnelle*, infligée aux mineurs de moins de 16 ans (C. pén. 66), se subit, suivant sa durée, dans les prisons centrales ou les maisons d'arrêt, et surtout dans des établissements spéciaux établis à Mettray (Indre-et-Loire), à Saint-Ilan (Côtes-du-Nord), etc. (L. 5 août 1850).

Le renvoi sous *la surveillance* de la haute police soumet le condamné à l'autorité du Gouvernement quant au lieu de sa résidence. Si le condamné libéré s'en écarte, etc., il est puissable de l'emprisonnement (D. 8 déc. 1851, art. 3 ; C. pén. art. 45).

Enfin, les *amendes* et *frais* sont recouvrés par les receveurs des domaines ; au besoin, par voie de contrainte par corps (C. I. 197; L. 17 avril 1832 ; D. 13 déc. 1848).

---

## CHAPITRE XI.

### ATTITUDE, DROITS, DEVOIRS DES JURÉS AUX DÉBATS ; INTERDICTION DE COMMUNIQUER ; PRÉTENDUE OMNIPOTENCE DU JURY ; CIRCONSTANCES ATTÉNUANTES.

Je réunis dans ce chapitre les observations qui n'ont pas dû trouver leur place ailleurs, sur certaines règles, certains usages concernant les droits et les devoirs des jurés aux débats ; sur quelques discussions scientifiques ; sur l'exercice des pouvoirs qu'ils ont reçus de la loi. Ainsi groupées, ces observations pourront être plus utiles ; j'y renvoie, d'ailleurs, de tous les points du manuel où l'ordre de la procédure les fait naître.

**257**. *Droit de rester couverts.* —Les jurés peuvent se couvrir lorsqu'ils ont prêté serment. Ce droit s'induit de ces termes de l'art. 312, relatif à cette formalité : « Le président adresse aux jurés debout et découverts » (n° 139).— Avant et pendant la formation du jury de jugement, les jurés ne jouissent pas de cette faculté ; c'est le serment qu'ils prêtent à l'audience qui leur imprime un caractère public et leur confère des priviléges.

Mais dans l'usage, les jurés ne se prévalent pas de ce droit; faute d'un costume uniforme, il pourrait résulter de la diversité des coiffures, des bigarrures contraires à la dignité de l'audience.

**258.** *Respect qui est dû aux jurés.* — Dès que le jury de jugement a prêté serment, il fait partie de la Cour d'assises ; les assistants lui doivent du respect : je crois qu'ils sont tenus de rester découverts et dans le silence (V. n° 179), lorsque les jurés ont pris leurs places, et avant que la Cour soit montée sur le siége. Le législateur a encore eu soin de protéger les jurés contre les récriminations et les attaques dont ils pourraient devenir l'objet. L'outrage qu'ils reçoivent publiquement, d'une manière quelconque, à raison de leurs fonctions, est sévèrement puni.

**259.** *Attitude.* — L'attitude des jurés aux débats doit être calme et digne ; magistrats du fait, leur patience à examiner, à écouter, surtout lorsqu'il s'agit de la défense, ne doit jamais paraître lassée. Impassibles comme la loi, ils ne doivent pas se permettre le signe le plus léger d'approbation ou d'improbation. Tout manquement à cet égard (tel serait le fait de lire un journal pendant l'audience) pourrait donner lieu à une observation, suivie, en cas de récidive, d'un rappel à l'ordre de la part du président.

Les manifestations d'opinion sur l'affaire sont encore plus formellement interdites. Une opinion émise par un juré, sur un point contesté du débat, pourrait suffire à motiver le renvoi de l'affaire à la session suivante ; elle pourrait aussi amener la cassation de l'arrêt (C. I. 312).

**260.** *Interdiction de communiquer.* — D'après l'art. 312, les jurés prêtent serment « de ne communiquer avec personne jusqu'après leur déclaration. » Cette disposition ne doit pas être entendue dans un sens trop absolu, toute sérieuse et sage qu'elle est.

Dans cette prescription de la loi, il faut séparer le texte de l'esprit. Or, le texte serait la plupart du temps inexécutable; le législateur n'a pas voulu imposer aux jurés une obligation qui équivaudrait à une complète séquestration. L'esprit de l'art. 312, c'est que les jurés ne se mettent absolument en rapport avec personne sur les *faits* du procès.

Ainsi, on a décidé qu'il n'y avait pas eu d'irrégularité dans le fait d'un juré qui, pendant la délibération de la Cour, obligé de sortir, avait quitté momentanément sa place à l'audience, mais n'avait communiqué avec qui que soit. — C'est, en effet, la communication qui peut avoir de l'influence sur la décision à rendre. La jurisprudence s'est fondée sur ce principe dans ses décisions qui doivent servir de règles aux jurés dans la conduite qu'ils ont à tenir, soit au cours *des débats*, soit durant *les suspensions* d'audience, soit, enfin, pendant leur *délibération* finale.

**261.** Si, aux *débats*, il y avait eu entre un témoin et des jurés une communication à voix basse, surtout si cette communication avait excité la sollicitude et l'attention des magistrats, cet incident constituerait une violation de l'art. 312 et devrait faire annuler la procédure; il en serait de même lorsqu'un juré, pendant les débats, aurait recueilli d'un tiers des renseignements sur des témoins de l'affaire.

Pour les communications qui se sont établies avec des personnes étrangères au procès, la présomption n'est pas la même; il faudrait qu'il fût prouvé que l'objet de cette communication se rapporte à l'affaire; sans cette circonstance, il n'y a pas d'irrégularité. Ainsi décidé à l'occasion de paroles échangées par un juré siégeant avec un autre juré étranger au jury de jugement, ou avec une autre personne, et à l'occasion de la remise d'une lettre à un juré pendant les débats.

Les communications entre les jurés et les témoins aux débats ne sont, elles-mêmes, irrégulières que lorsqu'elles ont pu amener la connaissance de faits, l'échange d'explications. Aussi, ne résulte-t-il aucune nullité :

1° De ce qu'un témoin, s'approchant d'un juré, lui a seulement annoncé vouloir demander la parole pour éclaircir une circonstance;

2° D'un commencement de colloque entre un juré et un témoin, colloque immédiatement interrompu.

Pour les communications à voix basse, elles ne peuvent absolument s'établir qu'entre les jurés de jugement; faites sur ce ton, avec des tiers, elles pourraient, à bon droit, être suspectées. Les jurés doivent s'imposer le devoir de ne s'adresser jamais aux témoins, aux experts, etc., qu'à haute voix, et de manière à être entendus de la Cour et des accusés. Alors il n'y a plus de place à l'équivoque; si une question paraît conduire à une manifestation d'opinion, elle peut être immédiatement retirée; le témoin interrogé à haute voix répond de même, et l'on n'a pas à supposer que des explications secrètes sont arrivées au jury, sans avoir pu être contrôlées et discutées par la défense.

**262.** Pendant les *suspensions* d'audience, les jurés sont étroitement soumis aux mêmes principes. Ils doivent soigneusement éviter toutes révélations, tous renseignements qui n'auraient pas été produits aux débats et inviter les personnes qui s'annonceraient comme pouvant leur en fournir, à s'adresser au président, afin d'être entendues, le cas y échéant, à l'audience.

Au moyen de cette précaution, de cette réserve, leurs communications avec le dehors, étrangères à l'affaire, n'ont rien d'illicite. Ainsi, les jurés ont pu se rencontrer avec des témoins ; — un témoin, qui était médecin, a pu donner des soins à un juré frappé d'une indisposition subite ; — un juré suppléant, qui venait de cesser ses fonctions, a pu se trouver en rapport avec un juré de jugement, sans qu'il en soit résulté aucune irrégularité.

Il en serait de même si des jurés avaient reçu, en dehors de l'audience, d'un tiers, des communications qu'ils n'avaient pu éviter d'entendre, et qu'ils auraient eux-mêmes signalées à la Cour ; il ne pourrait dépendre de ce tiers d'arrêter, par cette démarche insolite, le cours de la justice, en plaçant des jurés en dehors du serment qu'ils ont prêté.

Mais il y aurait irrégularité flagrante, et la condamnation intervenue devrait être annulée, ainsi que les débats, si des jurés de jugement s'étaient transportés, hors de la présence de la Cour, de l'accusé et de son conseil (n° 172), sur les lieux où s'est commis le crime, et, là, avaient reçu de la partie plaignante et des témoins des renseignements relatifs aux faits. Cette démarche constituerait une violation des droits de la défense, l'accusé n'ayant pu contredire ni même connaître les renseignements ainsi obtenus. Ce transport sur les lieux ne peut absolument s'effectuer que de la manière plus haut indiquée.

**263.** L'obligation, pour les jurés, d'éviter toute communication, devient plus étroite encore lorsqu'ils sont entrés dans la *chambre de leurs délibérations* (V. nos 203 et suiv.). Néanmoins, il ne résulte pas une nullité forcée du verdict de toute sortie, quelle qu'elle soit, d'un ou plusieurs jurés de leur chambre; il faut que l'infraction ait eu pour résultat de mettre le juré en rapport avec le public ou de le placer en position de recevoir une influence illégale. — Tel n'est pas :

Le fait du juré qui, sans communiquer avec personne, a pénétré momentanément dans la salle d'audience pour y prendre des notes qu'il avait recueillies pendant les débats et qu'il y avait oubliées;

D'un autre qui, étant entré dans la chambre du conseil de la Cour, n'avait eu de communication qu'avec le président ;

Du jury, enfin, qui ayant reconnu, en délibérant, qu'une erreur avait été commise sur le nom de la personne homicidée, s'était mis en rapport avec la Cour qui avait ordonné la rectification de l'erreur.

Du reste, je dois avertir que je n'ai point rappelé ces divers exemples de communications jugées *innocentes*, pour engager les jurés à s'en prévaloir, mais pour les aider à apprécier sainement leur position et leurs démarches. Je ne saurais trop insister sur ce point, que si certaines inadvertances ne tirent pas à conséquence, sous le rapport de la régularité de la procédure, il vaut mieux s'appliquer à les éviter, ce qui est presque toujours possible avec un peu de soin et d'attention. — Ainsi, en ce qui concerne la tenue dans la chambre des délibérations, rien n'est plus simple que d'avertir le président, par l'intermédiaire d'un huissier audiencier, de l'incident qui s'élève : oubli de pièces, besoin de nourriture, etc. Ce magistrat donne les ordres et l'autorisation nécessaires, et tout se passe avec la régularité prescrite par la loi.

**264**. *Droit d'examen.* — Le Code ne renferme pas de disposition relative au droit d'examen que peut exercer le jury pendant les débats. Mais il ressort de son esprit que tout ce qui peut, en *fait*, être examiné et vérifié à l'audience, est nécessairement soumis à l'examen et à la vérification des jurés. Ainsi, toutes les pièces à conviction leur doivent être représentées comme à l'accusé et aux témoins, surtout s'ils en manifestent le désir, et bien que le Code (art. 329) soit muet à cet égard.

Il en est de même des titres ou pièces produits ou lus aux débats ; des traces de blessures ou de contusions, etc.

**265**. *Questions aux témoins, etc.* — Les jurés, en demandant la parole au président, peuvent réclamer des témoins et des accusés, etc., tous les éclaircissements qu'ils croient utiles à la manifestation de la vérité (C. I. 319). Leur droit, sur ce point, n'a pas de limites et peut s'exercer en dehors même de la procédure écrite et des débats oraux, pourvu que ces questions n'impliquent aucune communication illégale des jurés avec les témoins. Dans l'usage, et pour plus de précision, c'est ordinairement le président qui adresse lui-même les questions indiquées par les jurés, mais le droit de ces derniers n'existe pas moins. Le mot de *témoins* est ici général et s'applique aussi aux experts.

Toutefois, les jurés ne doivent pas se presser à cet égard. De ce que le président, au moment qui paraît le plus opportun, n'a pas posé une question utile, même indispensable, il ne s'ensuit pas que ce magistrat doive l'oublier. C'est que le plan qu'il s'est tracé pour l'interrogatoire aura classé cette question à une autre place. Il est donc convenable d'attendre pour faire poser, ou poser soi-même la question, que l'interrogatoire, la déposition ou l'incident soit terminé, et, à cet effet, on prend note de l'observation à présenter. En cas d'oubli du président et du ministère public, qui peut interroger à son tour, l'omission signalée se répare sans jeter de trouble dans la direction du débat. Un soin que les jurés doivent prendre, en posant ou indiquant une question quelconque, c'est d'employer des expressions qui ne révèlent d'aucune manière l'opinion qu'ils peuvent déjà se former sur l'affaire (V. n° 259).

**266.** *Discussions scientifiques. — Vérifications d'écritures.* — Certains crimes, entre autres les infanticides, les empoisonnements, les meurtres, amènent à l'audience des discussions scientifiques de la part des experts sur des questions ardues d'anatomie, de chimie, de médecine légale. On peut avoir à constater, par exemple, — si un enfant nouveau-né a respiré après sa naissance ; — si du poison a été trouvé dans des liquides ou des viscères ; — si une blessure mortelle, reconnue sur un cadavre, doit être attribuée à une main étrangère, etc.

Ces discussions, ordinairement assez difficiles à suivre et à résumer, le deviennent encore plus lorsque les experts se trouvent en opposition avec la défense ou l'accusation ; lorsque, surtout, des dissentiments viennent à s'élever entre ces hommes de l'art.

De la solution de ce débat peut dépendre la solution du procès ; comment y arriver faute de connaissances spéciales, et même avec ce secours en présence de la divergence d'opinion qui partage des hommes également honorables, également instruits ? Les jurés les plus éclairés, les magistrats eux-mêmes se trouveraient dans un grand embarras s'ils n'avaient pour s'aider les autres éléments de l'instruction ; s'ils ne pouvaient méditer les circonstances particulières de l'affaire. Heureusement que ces circonstances ressortent communément aux débats d'une manière assez positive, pour permettre d'asseoir sur leur ensemble et leurs détails, cette intime conviction qui doit motiver un verdict consciencieux.

Quant aux expertises, en fait d'écritures, ordonnées en matière de faux, le jury peut contrôler lui-même l'opinion des experts ou maîtres-écrivains, dont on traite souvent, et non sans quelque raison, ni quelques plaisanteries, la science de conjecturale ou d'*augurale*. L'examen attentif des pièces arguées de faux, leur comparaison avec celles qui sont reconnues par l'accusé ou les témoins, constituent une véritable expertise et peuvent fournir de suffisantes lumières.

**267**. *Omnipotence du jury (prétendue)*. — Il y a des affaires où la preuve est si complète, si claire, si satisfaisante, que la culpabilité de l'accusé n'est un doute pour personne ; que la défense la plus hardie n'essaie même pas de la contester. Alors, un appel est fait parfois à la miséricorde des jurés ; pour arriver à l'acquittement qu'un débat trop concluant repousse, on insiste sur la sévérité de la peine et ses conséquences funestes, et l'on sollicite une sorte de grâce en vertu du pouvoir sans limites supposé, depuis bien longtemps aux jurés, sous le nom « d'omnipotence du jury. » Il est vrai que cette question, naguère fréquemment débattue aux assises entre le ministère public et la défense, s'y élève rarement aujourd'hui. Grâce aux adoucissements apportés à nos lois pénales, les magistrats proportionnent, avec humanité, la peine à la faute, et le jury n'a plus à craindre que son verdict affirmatif soit suivi d'une répression sans mesure. Mais si la défense ne prononce plus le mot d'omnipotence, elle n'a pas renoncé à solliciter des acquittements immérités ; l'expression a été abandonnée, l'idée a été conservée. J'ai donc à examiner ici ce que c'est que la prétendue omnipotence du jury. En rappelant les raisons décisives que l'on a fait valoir avant moi pour la combattre, j'expliquerai sa véritable origine, et l'on verra que les causes occasionnelles de ce pouvoir extra-légal, en cessant d'exister, ont enlevé tout prétexte à sa manifestation.

Comme doctrine, cette théorie ne saurait résister à un examen sérieux. Pour la justifier, il ne faudrait rien moins que se livrer à la supposition inadmissible que le législateur aurait consenti à placer les jurés au-dessus de ses prescriptions. Dans une société régulière, personne, sans manquement, ne peut se soustraire à l'observation de la loi. Ainsi les jurés, appréciateurs du fait, sont liés à l'égal des juges applicateurs du droit. Lorsque l'évidence proclame l'existence d'un fait, la conscience et le devoir commandent aux jurés de le déclarer dans leur verdict, tout autant que la conscience et le devoir commandent aux juges d'appliquer, dans leur arrêt, le droit au fait constaté par les jurés. Autrement, la loi ne serait plus qu'une lettre morte ; le droit pénal, protecteur de l'ordre, demeurerait frappé d'impuissance par la simple volonté de douze hommes, momentanément réunis, entièrement irresponsables, et libres néanmoins d'innocenter des actes réprouvés par la morale autant que condamnés par la loi !

Pourtant il s'est rencontré des jurés, hommes de sens et de cœur, qui ont méconnu, dans leurs verdicts, des vérités si palpables ; et ce qu'il y a de plus étonnant, c'est qu'il eût été difficile de les blâmer. Deux erreurs échappées à l'Assemblée constituante ont été, suivant moi, la source première de ces décisions arbitraires.

Avant 1789, pour le plus grand nombre des crimes, la peine était laissée à la discrétion du juge qui pouvait l'appliquer, indulgente ou rigoureuse, suivant ses inspirations personnelles. Ce pouvoir exorbitant révoltait, depuis longtemps, tous les esprits d'élite, lorsque l'Assemblée constituante eut à rédiger un Code pénal. En voulant effacer un principe si dangereux, elle donna dans l'excès contraire. Le Code de 1791 ne porta que des peines fixes, invariables, pour chaque infraction, malgré les diversités infinies que présentent et la perpétration du crime en elle-même, et la position, les antécédents, le caractère de son auteur. L'Assemblée fit plus (dit Code, 1re partie, tit. 7, art. 13) : elle abolit formellement le plus beau droit du souverain, celui de faire grâce et de commuer les peines ; et ce droit ne fut rétabli qu'au bout de onze années, sous le Consulat, en l'an x.

Ainsi, de 1791 à 1802, lorsqu'un accusé était convaincu, mais paraissait digne d'indulgence, le jury n'avait le choix qu'entre une condamnation exagérée, dont l'exécution était inévitable, et un complet acquittement. On conçoit que, par humanité, il optât souvent pour ce dernier parti. Cette alternative devint plus impérieuse encore sous l'empire des lois sévères du Directoire, motivées par les brigandages des chouans et les actes de barbarie des chauffeurs.

Les anxiétés du jury, ses acquittements inattendus, achèvent de s'expliquer. Les rigueurs de la législation avaient amené l'omnipotence du jury : le Code pénal de l'Empire vint à peine la modifier. On avait bien, dans ce Code, évité, en partie, le dangereux écueil de l'invariabilité de la répression ; un minimum et un maximum y avaient été introduits pour la majorité des peines ; mais ce minimum était trop élevé dans une foule de circonstances, et les plus terribles châtiments, la mort, les travaux perpétuels, la marque, demeuraient privés de tout adoucissement autre que les rares effets de la grâce et de la commutation. Enfin, les pénalités du Code de la Constituante avaient été généralement aggravées, et la peine capitale, en quelque sorte, prodiguée. Aussi, lorsqu'il s'agissait de punir de mort un accusé qui avait seulement blanchi quelques pièces de billon (C. pénal, ancien art. 132), ou contrefait un billet de banque (*Id.* 139), ou mis le feu à un tas isolé de bois ou de paille (*Id.* 434), il est facile de comprendre que des jurés, même pourvus de fermeté, prêtassent une oreille complaisante à la doctrine de l'omnipotence.

Diverses lois sont venues mettre fin à ces luttes du devoir et de la pitié, en modérant les répressions les plus sévères, en permettant d'adoucir singulièrement toutes les peines. Ainsi, en 1832, on a supprimé la peine de mort pour les crimes que je viens d'indiquer et pour plusieurs autres ; on a aboli la marque et le carcan ; on a étendu à tous les crimes le bienfait des circonstances atténuantes, qui a pour résultat de convertir, au besoin, la peine capitale en travaux à temps, les travaux perpétuels en réclusion, les travaux à temps en deux ans, la réclusion en une année de prison.

Depuis, la peine de mort, en matière politique, l'exposition publique, et la mort civile ont été abolies. Enfin les travaux forcés n'atteignent plus les sexagénaires. — Ces adoucissements de la pénalité, les gradations nombreuses qui en diversifient l'application, pourvoient aujourd'hui à toutes les exigences; ils permettent de faire la part du coupable égaré et repentant et celle du criminel endurci; ils doivent rassurer les consciences les plus timorées et ne laisser, maintenant, je le répète, aucun prétexte à l'exercice de la prétendue omnipotence du jury !

**268.** *Circonstances atténuantes.*—L'admission des circonstances atténuantes tient, de fort près, aux principes que je viens de rappeler. C'est aussi une question de conscience et de respect pour la loi. Pas plus que sur les faits proprement dits de l'accusation, les jurés n'ont à motiver leur verdict concernant les circonstances atténuantes: mais il ne leur est pas davantage permis de rendre sur ce point une décision de pure autorité. En établissant ce système d'atténuation, dont j'ai indiqué tout à l'heure le but et l'origine, on a investi le jury d'une énorme puissance; mais cette puissance a été créée comme un instrument de justice et non de grâce. Il n'est pas permis, uniquement pour écarter la peine de mort, d'accorder des circonstances atténuantes, surtout à propos d'un crime atroce, et à un accusé tout à fait indigne de pitié; c'est là faire le procès à la loi. Ce sont les faits de la cause, la position, le caractère, les antécédents de l'accusé, sainement appréciés, qui doivent seuls, à cet égard, préoccuper le jury. Mais sur ce point si important, la loi est restée muette; elle n'a pas énuméré et défini les cas d'*atténuation* comme ceux d'*excuse* légale, et s'en est rapportée au seul jugement des jurés.

Cette sorte de pondération morale, ainsi dépourvue de règles, demande autant de fermeté que de lumières. Et l'on ne peut se dissimuler que le jury ne fait pas toujours preuve de toute la fermeté désirable. Annuellement sur 100 accusés reconnus coupables, 70 obtiennent le bénéfice des circonstances atténuantes.

Cette proportion altère singulièrement le premier degré des peines édictées par le législateur, et avec lui le frein de l'intimidation, déjà relâché depuis si longtemps.

Les jurés qui comprennent l'importance de leur mission n'useront qu'avec la plus sage réserve de cet immense pouvoir qui vient tant affaiblir une répression si nécessaire. En présence des accusés pour lesquels plaide leur humanité indulgente, ils n'oublieront pas le pays et ses droits sacrés à défendre; la vie, l'honneur, les propriétés des citoyens, l'ordre public, l'obéissance aux lois !

---

## CHAPITRE XII.

### INDEMNITÉ DE VOYAGE DES JURÉS.

**269.** Aujourd'hui les fonctions de juré sont essentiellement gratuites.

Une indemnité est seulement accordée à titre de frais de voyage (T. crim., art. 90, 91).

Les jurés n'ont droit à cette indemnité que lorsqu'ils ont été obligés de se transporter à plus de deux kilomètres (T. crim., 90) de leur résidence actuelle ; pour l'obtenir, ils doivent requérir taxe (Tarif crim., 36).

La demande formelle du juré, que le mandat de paiement doit mentionner, est exigée, parce que c'est principalement en faveur des citoyens dépourvus de fortune que cette indemnité a été établie.

Lorsque le déplacement a eu lieu, les frais de voyage sont dus, que le juré ait été dispensé ou non du service par la Cour. Dès que le juré a obéi à justice, il doit être dédommagé du préjudice qu'il éprouve en quittant son domicile.

**270.** La distance qui détermine le montant de l'indemnité est celle qui sépare le lieu de la *résidence actuelle* du juré, du siége de la Cour d'assises à laquelle il est appelé. Cette résidence actuelle doit s'entendre de sa demeure habituelle, de son domicile dans le département, et non du lieu où il pourrait se trouver accidentellement au moment où la copie de notification lui parvient (V. n° 77). Le Trésor ne lui doit pas de dédommagement pour le surplus de déplacement que nécessiterait l'éloignement du juré de son domicile. Ce qui serait accordé en sus de la somme à laquelle donnerait droit la distance première devrait être rejeté de la taxe. Il n'y aurait qu'un cas où les frais de voyage devraient être calculés, en tenant compte de la distance, à partir de la résidence nouvelle adoptée par le juré : c'est celui où il aurait changé de résidence et de département après la rédaction de la liste annuelle. Ce juré, quoique ayant quitté le département, devrait être convoqué à sa nouvelle demeure, et, s'il la quittait pour remplir ses devoirs de juré, l'indemnité lui serait due à raison de la distance parcourue.

Quoi qu'il en soit, les frais de voyage sont de 2 fr. 50 cent. par chaque myriamètre parcouru, en allant et en revenant. Un demi-myriamètre donne droit à 1 fr. 25 cent. (T. crim., art. 90, 91, 92; D. 7 avr. 1813, art. 4).

Les fractions de 8 ou 9 kilomètres sont comptées pour un myriamètre, celles de 3 à 7 kilomètres pour un demi; mais ces fractions ne se calculent pas séparément. Ainsi, la distance franchie étant de 1 myriamètre 3 kilomètres, il ne faut pas compter 1 myriamètre et demi pour l'aller et autant pour le retour; ce qui ferait trois myriamètres: il faut additionner les deux fractions de 3 kilomètres, et compter en tout 2 myriamètres 6 kilomètres, c'est-à-dire 2 myriamètres et demi.

Un tableau des distances de toutes les communes du département au chef-lieu, dressé par le préfet et déposé dans tous les greffes, même ceux de justice de paix, sert de base légale à ces calculs (T. crim. art. 93).

Lorsque le juré habite un département autre que celui de la Cour d'assises où il doit siéger, la distance se calcule d'après le livre de poste ou les cartes de Cassini, en comptant alors 4 kilomètres par lieue de poste et 5 par lieue de 25 au degré, de clocher à clocher.

**271**. Si, dans le cours de son voyage, le juré était arrêté par *force majeure*, il aurait droit à une indemnité de 2 francs pour chaque jour de séjour forcé, à la charge de faire constater, par un certificat du juge de paix, de son suppléant, du maire ou de l'adjoint, la cause du séjour forcé en route (T. crim., art. 95). Le tarif criminel ne dit pas ce que l'on doit entendre par *force majeure*; il faut, pour la constituer, des accidents graves et imprévus : la rupture d'un pont ; une inondation ; la relâche forcée du bâtiment sur lequel est embarqué le juré qui a un trajet de mer à faire.

Aucune autre indemnité ne peut être accordée aux jurés. Si, durant la session à laquelle ils prennent part, ils viennent à être entendus comme témoins devant la Cour d'assises, ils n'ont pas droit à la taxe en cette qualité.

**272**. Pour obtenir le règlement de son indemnité, le juré remet au greffier de la Cour d'assises sa copie de notification ; ou, si cette pièce avait été égarée, un certificat du président, de l'officier du ministère public, du greffier lui-même, pour en tenir lieu. La taxe se libelle au bas de la copie ou du certificat, par le greffier ou l'un de ses commis ; elle énonce le nombre de myriamètres parcourus ou de jours de séjour forcé ; la somme à payer, en toutes lettres ; la *réquisition* de la taxe ; enfin, elle est signée par le président de la Cour ou le magistrat qui le remplace (T. crim., art. 133).

La taxe est acquittée par le receveur des actes judiciaires de la ville où siége la Cour (*Id.* 154). On a six mois pour obtenir ce paiement. Passé ce délai, le juré devrait s'adresser au procureur général, sur l'avis duquel le ministre de la justice pourrait autoriser le paiement de la taxe, si le retard n'était pas imputable à la partie prenante.

BIBLIOTHÈQUE IMPÉRIALE IMPR.

FIN.

# TABLE

BIBLIOTHÈQUE IMPÉRIALE IMPR.

FIN DE LA TABLE.

www.ingramcontent.com/pod-product-compliance
Ingram Content Group UK Ltd.
Pitfield, Milton Keynes, MK11 3LW, UK
UKHW020607180726
13838UKWH00001B/488